使命在肩——我和我的非遗

黔东南州文体广电旅游局
黔东南州非物质文化遗产保护中心 编

云南美术出版社

图书在版编目（CIP）数据

使命在肩：我和我的非遗/黔东南州文体广电旅游局，黔东南州非物质文化遗产保护中心编. -- 昆明：云南美术出版社，2023.10

ISBN 978-7-5489-5488-0

Ⅰ.①使… Ⅱ.①黔… ②黔… Ⅲ.①非物质文化遗产—介绍—黔东南苗族侗族自治州 Ⅳ.①G127.732

中国国家版本馆CIP数据核字（2023）第202790号

责任编辑　孙雨亮
装帧设计　贵州雅新印务有限公司
责任校对　陈铭阳

使命在肩——我和我的非遗

黔东南州文体广电旅游局　黔东南州非物质文化遗产保护中心　编

出版发行	云南美术出版社（昆明市环城西路609号）
印　　刷	云南千鸣印刷包装有限公司
开　　本	720mm×1010mm　1/16
印　　张	12
字　　数	176千
版　　次	2023年10月第1版
印　　次	2023年10月第1次印刷
书　　号	ISBN 978-7-5489-5488-0
定　　价	120.00元

如出现印刷、装订错误，请与承印厂联系调换事宜。
印刷厂联系电话：0871-65382990

编 委 会

策　　划：黔东南文体广电旅游局

　　　　　黔东南州非物质文化遗产保护中心

主　　任：常　海

副 主 任：潘金海　刘　艳　方大文

成　　员：杨勇富　莫　军　王桂珍　邱　印　黄世珍

主　　编：王佳丽　康　莉

撰　　文：王佳丽　康　莉　潘皇林

编　　审：吴会武

图片来源：王佳丽　康　莉　黔东南州各县市非遗中心

前言

民族原生态　　锦绣黔东南

2012年12月，文化部同意贵州省黔东南苗族侗族自治州设立国家级文化生态保护区，命名为"黔东南民族文化生态保护实验区"；2017年1月，《黔东南民族文化生态保护实验区总体规划（2016—2030）》通过文化部批复实施；2023年1月，经文化和旅游部评估验收通过，"黔东南民族文化生态保护实验区"正式成为"黔东南民族文化生态保护区"。

黔东南民族文化生态保护区保护范围覆盖贵州省黔东南苗族侗族自治州全境。黔东南苗族侗族自治州是全国30个少数民族自治州之一，总面积3.03万平方千米，辖凯里市和麻江、丹寨、黄平、施秉、镇远、岑巩、三穗、天柱、锦屏、黎平、从江、榕江、雷山、台江、剑河15个县，有28个街道、129个镇、60个乡(15个民族乡)、282个居委会、2154个村委会。境内居住着苗、侗、汉、布依、水、瑶、壮、土家等46个民族，2022年末全州常住人口373.13万人，户籍人口489.60万人，少数民族人口401.43万人，其中苗族人口213.45万人，侗族人口149.67万人，是我国苗族、侗族人口最为集中的聚居区。黔东南州各民族在交往、交流、交融中，共生共荣，和谐相处，共同创造了以苗侗文化为特色、多民族文化交相辉映的黔东南民族文化。

黔东南民族文化生态保护区有人类非物质文化遗产代表作1项3处(侗族大

歌），国家级非物质文遗产56项78处，位居全国同级地市（州）之首；省级非物质文化遗产218项307处，居全省第一；州级非物质文化遗产329项417处，县（市）级非物质文化遗产1590项；非物质文化遗产代表性传承人国家级48人、省级170人、州级394人、县市级4013人，州级非物质文化遗产代表性传承人群16个；非物质文化遗产生产性保护示范基地国家级3处、省级23处、州级26处、县级119处，省级非遗扶贫就业工坊83家（省级非遗工坊示范点11家），中国传统工艺振兴项目11个，州级非遗传习中心（展示馆、传承基地、传习所）168处、州级传统工艺"名师大师工作室"20家、州级非遗保护传承教育示范基地85处。

黔东南民族文化生态保护区有全国重点文物保护单位20处、省级99处、州级54处、县级867处，10个苗族村寨和12个侗族村寨被列入"中国世界文化遗产预备名单"；还有世界自然遗产1处，全球重要农业文化遗产1处，国家自然保护区1个，国家地质公园1个，国家湿地公园3个，国家森林公园5个，国家风景名胜区3个，国家级水利风景区7个，全国乡村旅游重点村6个，全国农业旅游示范点5个，国家历史文化名城1个、名镇2个、名村7个，中国民间文化艺术之乡1个，中国传统村落415个，中国少数民族特色村寨126个；每年有民族民间主要节日390余个，其中万人以上节日120多个。

黔东南民族文化生态保护区至今存续着多姿多彩的民族文化，享有"歌舞之州""森林之州""神奇之州""百节之乡""民间手工艺之乡""苗族侗族文化遗产保存核心地""迷人的民族文化生态博物馆"等诸多美誉，还先后被文化和旅游部列为"中国苗侗风情国际旅游目的地"创建单位、第二批"国家全域旅游示范区"创建单位、全国首批"国家中医药健康旅游示范区"创建单位，被国家民委授予"中国·黔东南民族文化旅游示范区"和"全国民族团结进步示范州"称号，入选"中国民族文化旅游最佳目的地"，被联合国教科文组织列为世界"返璞归真·回归自然十大旅游圣地"之一。

近年来，黔东南州深入贯彻落实习近平总书记关于非物质文化遗产保护工作的重要论述和系列批示指示精神，根据《中华人民共和国非物质文化遗产法》《国家级文化生态保护区管理办法》等法律法规，围绕"遗产丰富、氛围浓厚、特色鲜明、民众受益"目标和"立法（政策）性、抢救（档案）性、传承性、生产性、整体性、传播性、数字化、生活（节庆）化"八大系统性保护工程，坚持以人民为中心，坚持优秀传统文化的连续性、创新性、统一性、包容性、和平性，坚持守正创新，坚持创造性转化、创新性发展，坚持保护优先、整体保护、见人见物见生活的理念，以《黔东南民族文化生态保护实验区总体规划（2016—2030）》为蓝图，以保护非物质文化遗产为核心，以"一体两翼"为原则，以建立和完善非物质文化遗产的项目、传承人（群）、基地（工坊）等名录体系为抓手，创新"非遗+"融合发展，推进"+非遗"跨界联动，深化"54321（5创建、4融合、3发展、2跨界、1植入）"非遗模式，加强"三山三江"地理文化，高起点、高标准、高质量、高水平建设黔东南民族文化生态保护区。这对适应新发展阶段、贯彻新发展理念、融入新发展格局、推动旅游产业化、宣传"民族原生态、锦绣黔东南"奠定了坚实基础。

在新时代新征程上，为了贯彻落实习近平总书记关于"扎实做好非物质文化遗产的系统性保护，推动中华文化更好走向世界""担负起新的文化使命，努力建设中华民族现代文明"等重要指示，扎实建设黔东南民族文化生态保护区，全面宣传黔东南民族文化，更好满足黔东南人民群众日益增长的精神文化需求，推进民族文化自信自强，黔东南州组织编纂出版了《黔东南民族文化生态保护区丛书》。

编纂出版《黔东南民族文化生态保护区丛书》，由于时间仓促、经验有限，难免有错漏之处，敬请读者批评指正。

《黔东南民族文化生态保护区丛书》编委会
2023年9月

序言

以媒体之力　助非遗之兴

吴会武

习近平总书记指出："要加强对国粹传承和非物质文化遗产保护的支持和扶持，加强对少数民族历史文化的研究，铸牢中华民族共同体意识。"非物质文化遗产是我国优秀传统文化的重要组成部分。近年来，黔东南州委、州政府牢记总书记嘱托，坚持守好发展和生态"两条底线"、用好民族文化和生态环境"两个宝贝"，扎实推进黔东南民族文化生态保护实验区建设，取得了阶段性成效。

从2020年8月中旬起至2021年7月上旬，黔东南州融媒体中心（原黔东南日报社、黔东南广播电视台合并组建）与黔东南州非遗中心携手，共同组织专人对黔东南非遗传承人事迹进行采访、宣传、报道。这是双方继2018年原黔东南日报社对黔东南非遗传承人事迹进行专题系列宣传报道后的第二次合作。为确保采访报道的有序有效推进，事前，由本人和时任黔东南州非遗中心主任的粟周榕同志共同牵头，相关记者和工作人员参加，进行了集体研究策划，制定了具体工作实施方案。在接下来的一年里，黔东南州融媒体中心的几位年轻记者，不辞辛劳，走乡串寨，笔耕不辍，陆续推出"我和我的非遗"系列专栏报道，深入挖掘、推介和传播黔东南州民族歌舞、戏曲、民间文学等领域的一批核心非遗代表性传承人的故事，展示黔东南民族文化生态保护实验区建设取得的优秀成果。

系列报道聚焦黔东南州文艺文化类非遗代表性传承人的典型事迹和取得的卓越成就，作品接地气、冒热气、暖人心，体现了记者"四力"不断提升的实践过程。每一篇文稿，皆以传承人从艺经历为主线，将人物非遗传承故事娓娓道来。报道撷取散落在文化传承过程中的亮点，在展示非遗魅力、弘扬民族文化的同时，起到了交流经验、示范带动、加油鼓劲的作用，也让大家看到，在新时代文化传播内容、形式、渠道和方式不断嬗变的剧烈冲击下，非物质文化遗产的保护与传承所面临的诸多机遇、困难与挑战。更难得的是，读者可以从中窥见黔东南州在非物质文化遗产保护传承工作和国家级文化生态保护实验区建设中，所进行的有效探索和取得的宝贵经验。这再一次展现了媒体人对非遗保护传承工作的自觉担当。

记录也是一种保护

截至2021年，黔东南民族文化生态保护实验区有人类非物质文化遗产代表作1项3处（侗族大歌）；国家级非遗56项78处，位居全国同级地市（州）首位；省级非遗218项307处，居全省第一；州级非遗329项417处；有409个村落入选"中国传统村落名录"，数量居全国同级地市（州）之首。

作为非遗宝地，如何利用和开发好这些珍贵资源，做到文旅资源"互存互融、相促发展"，一直都是黔东南州长期探索的课题。多年来，黔东南州紧紧围绕"遗产丰富、氛围浓厚、特色鲜明、民众受益"建设目标要求，克服困难，创造条件，积极争取上级支持，推出一系列举措，持续加大对非遗的保护和传承力度：

提高传承人补助经费标准。2016年，将州级非遗项目代表性传承人的补助经费由每人每年3000元提高到5000元。

探索"以人为本"的非遗传承之路，大力推进非遗进校园活动。非物质文化遗产起源于人的生产生活，是活态的文化资源。它以人为核心，通过声音、形象和技艺展现，有着丰富的文化价值和审美价值。从根本上讲，非物质文化遗产的传承，就是人的传承。黔东南州大力推进民族文化进校园活动，建立了省级民族民间文化教育项目学校24所、州级50所、县级84所，在全州1000多所学校中开展民族民间文化教育活动。"十三五"期间，全州累计完成非遗传承人培训超过

5万人（次），推荐230名优秀非遗传承人到国内一流的工艺美术高校学习，走出了一条"以人为本"的非遗传承之路。

借力媒体平台，加大对非遗传承的宣传推介。一方面通过借力中央、省及发达地区各类媒体和文化平台，加强黔东南民族文化的展示推介。特别是2017年参加"魅力中国城"竞演，使黔东南丰富的苗侗民族文化得到了充分展示，引起全国观众的热切关注，极大提升了黔东南州对外知名度和影响力，获得了空前的外宣效果。另一方面，积极携手本地主流媒体，深度挖掘各级各类非遗传承人的生动故事，宣传推介他们取得的业绩和成就，展示他们的精湛技艺和优秀成果，起到了在记录中保护、在交流中传承、在传播中振兴的良好效果。

……………

为了完成本次系列报道，几位记者行走于黔东南州16个县（市）乡村，登门拜访一位位非遗传承人，聆听他们在非遗传承中平常而又不平凡的故事，记录他们各具特色的经历和与众不同的风采，为后来者传习、研究黔东南非物质文化遗产提供了具象、真实、可靠的范例。

为民族交融提供精神力量

我们中华民族是一个多民族汇聚融合的大家庭，中华文化是各民族文化的集大成。在列入"人类非物质文化遗产代表作名录"的中国项目中，少数民族的占到三分之一。2014年国务院公布的第四批"国家级非遗代表性项目名录"中，少数民族非遗项目613项，占比达到44.7%。少数民族非遗项目占比的提高，既反映了少数民族非遗举足轻重的地位，又反映了党和国家对少数民族非遗保护取得的显著成效，彰显了党和国家对少数民族的关怀。弥足珍贵的少数民族非遗，为民族交往、交流、交融提供了丰足的养料，有力促进了中华民族共同体的认同。

黔东南州作为少数民族自治州，其非遗项目几乎都是少数民族非遗项目，本书当中记录的也全数为少数民族非遗。

享有"天籁之音"美誉的侗族大歌，其所展示出的侗家人恬静闲适的生活风貌、演艺方面的精湛技艺、古朴的艺术魅力和精神追求，为民族交往、交流、交融提供了肥沃的土壤。锦鸡舞集歌、舞、乐艺术于一体，用大型综合的艺术形式全面、完整、生动地呈现了富有独特地域色彩和原生态自然生活气息的民族历史文化风貌。而《珠郎娘美》所体现的爱国主义、集体主义、英雄主义、乐观主义等价值观，则在各民族之间架起心灵沟通的桥梁，增强了各族人民团结协作、互帮互助的意识，为民族交往、交流、交融提供了可贵的精神力量。

我们通过记录和传播这些少数民族非遗文化，既为黔东南民族文化生态保护实验区建设注入原生动力，亦为黔东南民族团结进步示范州的发展繁荣增添了宝贵的精神财富。

践行"四力" 担当使命

新闻记者是社会发展的观察者，是时代的瞭望者，当然更应该是历史的记录者。一线的党媒记者不仅要及时准确地传递党和政府的声音，还应当更多地深入基层，积极践行"四力"，用自身的脚力、眼力、笔力、脑力，关注民生状态，发掘好的新闻，赋予新闻报道以最真实、最丰富的情感，将有温度的新闻报道传递给广大读者、传达给社会。

网络时代，当人们的眼光和注意力已更多集中到"有流量"的人、事、物上时，大多数的传承人却不在意清贫的生活，踽踽独行，遗世独立，用心用力传技艺、育新人、带队伍，为我们的非遗谋新生、促发展。记者有机会将笔触和镜头聚焦到这些传承人身上，在报道中融入自己真切的情感，为他们鼓与呼，给他们歌与赞，也是落实习近平总书记的嘱托，助黔东南非遗保护传承一臂之力，尽一份媒体人的责任，也体现了党媒的担当。

真诚希望多一些记者、多一些媒体人关注非遗工作，关注黔东南民族文化生态保护实验区建设，多写一些类似的作品，把我们非遗传承的各种感人故事挖掘得更深一点、记录得再详细一些、展示得更充分一些，让黔东南非遗绽放出更加迷人的时代光彩。

这里还应特别提及的是，本书很多配图及图说，沁透出丰富的文化艺术生活情感，诗情画意，韵味浓郁，既为文稿之补充，亦为本书亮点之一。

目录

第一编　人物专访

吴品仙：侗歌声声　薪火相传　　康莉/2

杨正平：我有嘉宾　鼓瑟吹笙　　王佳丽/7

潘萨银花：让侗族大歌一代代传
　　下去　　潘皇林/11

梁维安：侗戏的未来属于生机勃勃的
　　革新者　　潘皇林/15

陈正仁：传承千年苗族说唱文化　　康莉/19

万政文：让反排人世世代代会跳自己的
　　木鼓舞　　康莉/23

胡官美：只有传歌才快乐　　康莉/28

龙再成：永不停歇的仰阿莎情怀　　康莉/32

李宏美：苗歌唱出脱贫攻坚新气象
　　　　　　　　　　康莉/36

李金英：传承世代的文化图腾　　王佳丽/40

梁华志：侗寨里的"最佳男主角"
　　　　　　　　　　康莉/44

刘礼洪：飞歌到山外　　王佳丽/48

刘毅：新化"狮王"的追梦人生　　康莉/52

龙安定：传统文化的舞龙人　　王佳丽/57

龙禄颖：让城市读懂大山　　王佳丽/60

欧定清：在我心里侗戏最重要　　康莉/64

潘光雕：我的心和水书捆在一起　　王佳丽/67

潘广礼：水书永流传　　王佳丽/70

潘盛席：把踩鼓舞跳到了首都　　康莉/74

石国周：传承，是一代又一代人的坚守
　　　　　　　　　　王佳丽/78

石云昌：守望《珠郎娘美》　　王佳丽/81

吴光台：畲族风情　质朴传承　　王佳丽/85

吴菊香：唱响民族团结一家亲　　康莉/88

吴胜华：推陈出新传侗戏　　　王佳丽/92

吴通贤：枫木棒上的古歌传承　　康莉/96

方少保：民族歌声传递民族文化

　　　　　　　　　　　　王佳丽/100

田锦锋：苗族古歌　民族心灵的记忆

　　　　　　　　　　　　康莉/104

肖光华：让千年思州傩文化绽放光芒

　　　　　　　　　　　　康莉/108

杨春云：侗歌丰满我的人生　王佳丽/113

杨代梅：激活传统文化生命力　王佳丽/117

杨国堂：指尖技艺　倾心传承　王佳丽/121

杨开员：有民歌的地方才是家乡

　　　　　　　　　　　　康莉/124

杨万超：今生我为侗歌狂　　康莉/128

杨月艳：琵琶歌，我此生最珍贵的财富

　　　　　　　　　　　　康莉/132

姚成仁：听"君"知理　编唱人生

　　　　　　　　　　　　王佳丽/136

赵成阳：守望瑶族长鼓舞之魂　王佳丽/140

李会堂：有形传承唤醒无形文化

　　　　　　　　　　　　王佳丽/144

石光荣：格哈，跨越时空的对话

　　　　　　　　　　　　王佳丽/147

姚春秀：让非遗回归生活　　王佳丽/150

第二编　专题报道

构建非遗当代保护传承的生动局面

　　——黔东南州非物质文化遗产保护

　　工作综述　　　　　　潘皇林/156

为非遗赋能　为扶贫助力

　　——2020年黔东南民族文化生态

　　保护实验区非遗大集市暨非遗扶贫

　　就业工坊展示展销活动综述　康莉/159

发展非遗游　共享新生活

　　——中国丹寨非遗周、黔东南州

　　第十一届旅游产业发展大会侧记

　　　　　　　　　　　　王佳丽/162

让非遗绽放新光彩

　　——黔东南非遗助力文旅融合和脱贫

　　攻坚综述　　　　　　潘皇林/165

附　录

听陈专家聊非遗　　　　　　康莉/170

也谈非遗传承与文化自觉　王佳丽/174

后　记

177

第一编 人物专访

吴品仙：侗歌声声　薪火相传

康　莉

人物名片

吴品仙，侗族，黎平县永从镇三龙侗寨人，国家级侗族大歌项目代表性传承人。吴品仙6岁开始学唱侗歌，从1984年至今向国内外年轻人传授侗族大歌的技法，成为远近闻名的歌师。她培养了一批又一批侗歌后继人才，同弟子在国内外各大舞台进行演出，为侗族大歌的传播作出了突出贡献。2012年，吴品仙荣获"中华非物质文化遗产传承人薪传奖"。

吴品仙拿出一张她的照片与笔者分享，照片上的她面带微笑，岁月静好

吴品仙与笔者坐着聊着，她确定哪里也不想去，这里的星辰、田野、歌声都是她的挚爱，窗外洒进暖阳，她满心欢喜

早闻三龙侗寨有着古朴神秘的民歌和独特的民族文化，出了许多著名的歌师（甚至歌唱家），令人神往。

带着对侗族大歌的憧憬，2021年5月14日，记者一行来到黎平县永从镇三龙侗寨。

进得村来，只见寨子依山傍水，山峰四面环抱，古树参天，绵延成片，鼓楼、花桥、戏台、凉亭镶嵌其中，错落有致。清澈的三龙河贯穿全境，犹如玉带缠绕，还有一片南北走向的农田……好一幅山水、田畴、村路、人家的和谐画面！

据悉，这里是侗族大歌的发祥地，素有"侗乡歌窝""侗乡歌海"之称。在三龙侗寨，祖祖辈辈传歌，人们以唱歌为乐，以会唱的歌多为荣。

值得骄傲的是，2009年9月30日，侗族大歌成功被列入"人类非物质文化遗产代表作名录"，实现了贵州省在"人类非物质文化遗产代表作名录"零的突破。这一荣誉的获得，得益于侗族大歌浑然天成的音乐文化魅力，得益于黔东南侗族人民世世代代对侗族大歌的痴迷热爱，更得益于无数歌师的用心传承。吴品仙便是这些传承人的杰出代表。

三龙侗寨是吴品仙的家乡，这是一片让她一生魂牵梦萦、眷恋不舍的土地。

"侗族大歌，在三龙唱才最纯正。"吴品仙今年已经76岁了，但与记者交谈时底气十足，一口标准的普通话，让我们一时分不清她是哪里人。

1959年，吴品仙被选送到黎平侗族民间合唱团，从事专业的侗歌演唱。后来，她又被选送到中央民族歌舞团任侗族大歌演员，在北京生活了几年。1964年，思乡心切的吴品仙从中央民族歌舞团调回黔东南州歌舞团工作，并于1966年回到了家乡三龙侗寨，从此再也没有离开。

了解了吴品仙的人生经历，记者不禁纳闷：她有留在大城市的机会，为什么

吴品仙与学生到澳大利亚交流表演，在悉尼歌剧院前留影

又再次选择回到原点？

吴品仙看出了记者的疑惑，坦然道来："在外面我根本待不住，我闭上眼睛，想到的就是三龙的歌、三龙的景、三龙的人。我就一个想法——我必须得回来，我在侗歌窝里才能更好地传承侗族大歌。"

从此，教歌成了吴品仙一生的追求。从2000年起，她就担任三龙小学的侗歌老师，秉持侗族大歌传承"必须从娃娃抓起、绝不断代"的理念，把学校当成传承侗族大歌最好的阵地，自编教材，分低、中、高年级进行教学，还在学校组织建起了侗歌队。

"除了让学生参加当地的一些民俗节日活动，还组织他们去参加县、州、省举办的各种比赛，给他们提供展示和交流的平台，激发他们学习侗族大歌的兴趣。"吴品仙说。

说到交流与兴趣，就不得不提起吴品仙的一位"洋学生"——澳大利亚墨尔本大学博士英倩蕾了。

"小英说她想跟我学歌，就算她是外国人，我也教。只要热爱、想学我都教。"吴品仙作为歌师，深知文化传播的重要性。就这样，英倩蕾"拜师成功"，开始了她的侗歌学习之旅。

英倩蕾为了研究侗族大歌，与村民们同吃同住同劳动，在三龙侗寨生活学歌的18个月里，她不仅学会了一口流利的侗话，会唱30多首侗歌，还写出了十多万字的名为《21世纪山村侗族大歌》的博士论文。

2017年，在英倩蕾的"搭桥引线"下，包括吴品仙在内的6名侗族歌师走出国门，在悉尼音乐学院与澳大利亚土著歌手首次同台演出，展示了各自原汁原味的"家乡之歌"。

音乐没有国界，侗族大歌传承人要坚定文化自信，在文化传承与创新中，踏踏实实做事，让更多的人感受到侗族大歌这一文化的魅力。吴品仙与英倩蕾这对师徒身体力行，传承非遗，值得尊敬。

但是，由于年轻一代受到各种流行文化的影响，逐渐对本民族的传统文化失去了学习的兴趣，侗族大歌的传承亦面临着难以为继，甚至断层的困境。

"侗族大歌难么？外国人都能学会，我们自己还学不会吗？我要不断探索、改进自己的教学方式，使年轻学徒接受侗族大歌更加容易、更有兴趣，让他们感受到文化自信。"吴品仙说。

为此，吴品仙和村里的歌师们每年利用各重大节日、学校放假、农闲时间，以及外出务工人员、学生回乡之机，全力开展侗族大歌传承培训活动。

吴品仙拿出手机，向记者展示她的工作记录：2020年8月，参加三龙侗族文化促进会开展的"和谐的暑假之声"活动，这次教唱的对象有大学生、中学生、小学生、社会青年、中老年人，近1000人次；暑假组织学生唱侗族大歌3场220人次；9月23日到黎平易地扶贫搬迁挂榜社区教唱侗族大歌3场210人次；暑假组织歌队到从江小黄侗寨与歌师潘萨银花教唱侗族大歌2场150人次；在农闲时、晚饭后教唱侗族大歌4场150人次……

记者与吴品仙道别后，走在三龙侗寨的小道上，看见侗族大歌传习所、花桥、鼓楼、溪流、吊脚楼遥相呼应。在那里，老人教歌，小孩学歌，侗族大歌已是民众生活的一部分。

记者不禁感叹，在三龙这块土地上，"天地人和"的理念竟体现地如此完美。光辉灿烂的侗族文化，使侗族大歌以天然的方式完整传承下来。

尽管吴品仙已步入耄耋之年，但她必将与她的前辈、后辈一起，传承侗歌薪火，让侗族大歌这一民族文化瑰宝永续绽放奇光异彩。

杨正平：我有嘉宾　鼓瑟吹笙

王佳丽

人物名片

　　杨正平，男，苗族，1971年12月生于丹寨县龙泉镇排牙村，是苗族芦笙贵州省级名录代表性传承人。专业从事芦笙演奏、教学和苗族文化研究的杨正平，

为了让更多人爱上芦笙，杨正平主动到学校、机关和社区等场所宣讲授课（图为杨正平在大十字街道讲授芦笙文化）

使命在肩——我和我的水道

先后荣获各类奖项，并到十余个国家参加艺术表演和文化交流活动，同时出版专辑、发表论文，并在芦笙制作技师的帮助下，将芦笙改良发展到29管，被誉为苗族"芦笙王"。

"呦呦鹿鸣，食野之苹。我有嘉宾，鼓瑟吹笙。"这句诗中描述的大宴宾客时演奏的乐器就是芦笙的前身。

在黔东南州，每逢节日，苗族居民都会吹起芦笙曲，跳起芦笙舞。然而，随着时代的发展，芦笙和芦笙文化同样面临着断代、消亡的危险。但总有一些人对芦笙和芦笙文化是如此痴迷，自觉为它耕耘、为它付出、享其快乐，杨正平便是突出代表之一。

作为苗族芦笙非遗代表性传承人，杨正平以实际行动，将芦笙的研究、改革和推广做到极致，把芦笙吹向世界。

杨正平和很多在寨子里长大的苗族男孩一样，从小耳濡目染便学会了芦笙。

由于芦笙吹奏技艺精湛，杨正平受邀到世界各地表演（图为杨正平在表演现场）

彼时，芦笙不仅是一种娱乐项目，也是族群间交流的工具，而杨正平打小就很出众，在芦笙吹奏方面显示出过人的天赋，在同龄人中崭露头角。

"学习芦笙，除天赋以外，个人的道路选择和努力也十分重要。"杨正平如是说。初中毕业后，杨正平不想回家务农，他一心只想吹芦笙，便抓住机会报考了县文工团。在文工团期间，他从吹奏传统芦笙进阶到吹奏多管芦笙。1992年，杨正平考入贵州艺校芦笙班学习，开始专业研究芦笙。

学习期间，杨正平先后随中国民族艺术团、中国民间音乐家小组赴法国、德国、比利时、西班牙、荷兰、日本等国参加国际艺术节。他精湛的技艺博得国外观众的广泛好评。其吹奏的芦笙曲《草原情歌》《清水江畔丰收乐》《欢乐的苗寨》等被荷兰帕拉多斯唱片公司以及德国法兰克福唱片公司录制成CD光碟发行。

毕业两年后，杨正平选择继续进修深造。1997年，他考入贵州大学，经过理论学习和老师指导，他的演奏水平不断提高。1999年5月，他在贵州大学成功举办了"杨正平芦笙独奏音乐会"。他先后荣获中国文化艺术政府奖、文化艺术院校奖、第二届全国民族器乐演奏比赛铜奖、第五届国际合唱节金奖、首届金芦笙民族吹管乐国际大赛金奖等，成为芦笙艺术领域的奇葩。

在比赛期间，杨正平见识到各民族器乐不断改革发展。于是，改良芦笙的结构、提升芦笙的表现力成为其关注的焦点。2005年，在芦笙制作技师潘华明的协助下，杨正平研制出27管改良芦笙。2019年，在芦笙技师龙鸿飞的帮助下，他又研制出29管芦笙。通过使用加件、加管和加音配件，可使芦笙音位安排更加科学合理，并具备近关系调、远关系调相互转换的功能。

"通俗地说，就是能吹奏出更多的曲子了，现在我可以用芦笙吹出土耳其进行曲。"出国交流对于杨正平而言是荣誉，更是学习的压力和动力。"我们芦笙也要与时俱进，不要故步自封，要与世界接轨，全球化。"杨正平表示。

一直以来，芦笙演奏技艺都是靠苗族老人们口传心授，没有曲谱，也没有文字记载。传统曲子编曲形式较为单一，缺乏新意，听众自然就对芦笙缺乏兴趣。要让芦笙飞出苗乡，飞得更远，杨正平在编曲上下功夫，他编写的《梦回家乡》《云》等曲目给人以听觉上的新鲜，更在芦笙爱好者中广为流传。与此同时，杨正平还出版了个人专辑。

从一个大山苗寨的泥娃子，到行走全国各地演出的音乐人，再到巡回世界各

使命在肩——我和我的小者

国传播芦笙器乐文化的使者，无论飞得多高，杨正平深知自己肩上的责任和重担。

如今，作为凯里学院的副教授，杨正平编写的教材《芦笙音乐与演奏》，从芦笙的种类与分布、芦笙的制作程序与工艺、芦笙的保养与维修、芦笙演奏姿势与样式、芦笙演奏技术与技巧、传统芦笙乐曲练习、多管改良芦笙乐曲练习等方面进行阐述，内容丰富，深入浅出，通俗易懂。

多年来，杨正平带出了数百名学员，有的还取得了不俗的演奏成绩。"现在越来越多的家长让孩子学习芦笙，这种思想的转变就是对芦笙最好的传承。"杨正平说，芦笙不再只是乡土的、民间的、自娱自乐的乐器，而是和很多乐器一样，可以是升学的工具，也可以登上大雅之堂，更可以用来陶冶情操。

杨正平深爱自己的民族，深爱民族文化，他希望无论苗族人民走到哪里，见到什么样的人，都能自信地用手中的芦笙告诉世界："我有嘉宾，鼓瑟吹笙！"

潘萨银花：让侗族大歌一代代传下去

潘皇林

人物名片

潘萨银花，侗族，76岁，从江县高增乡小黄村人。她从18岁开始就在村里义务传歌教歌，心里熟记侗歌300余首，是远近闻名、德高望重的侗歌歌师，2009年被评为国家级非物质文化遗产侗族大歌代表性传承人。

午后，阳光正好，坐在风雨桥廊边，潘萨银花向笔者讲述自己从年少开始接触侗族大歌的点滴，历历在目，充满力量

使命在肩——我和我的水道

2020年8月17日下午三点，阵雨骤停，阳光透过云层，一束束打在小黄侗寨层层叠叠的木楼上，折射出金黄的色彩。村民三三两两聚集到鼓楼下，老人下着古老的侗棋，几支歌队正在训练新人，数头水牛卧溪戏水……这是从江县小黄侗寨——人类非物质文化遗产侗族大歌的主要发源地和传承地之一。

找到潘萨银花时，她正和妇女们在铺晾染布，湛蓝的染布一条条铺排在大青石上，像一行行的千年文字在沉睡。

"又有人来找您啦！"大家和潘萨银花打趣说，"北京来的客人早上才走嘛！"

"不碍事的，不碍事的。"老人招呼我们到风雨桥上坐下来，而后在潺潺流水声中开始讲述自己的故事。

她本名叫潘玉清，因为老了，大家都叫她萨银花，这是侗语银花奶奶的意思。作为一个土生土长的小黄村人，她自幼跟着父母学唱歌。"我4岁就加入歌队，我们歌队里一共有14个人，最开始学唱侗族儿歌，慢慢开始学大歌，长到16岁以后，就可以学情歌，男女感情、父母恩情、朋友情谊，都可以唱出来。我一辈子就喜欢唱歌，一唱歌就高兴，歌里的语言，比说话还要好听。"

在小黄村这样的侗族村庄，小孩会说话便会唱歌，会走路便会跳舞。他们说，饭养身，歌养心，衣食之上还有心灵。萨银花的奶奶、婆婆、妈妈、伯妈都会唱歌，除了唱侗族大歌，还唱小歌、牛腿琴歌、琵琶歌，她就在歌声里长大。她的记性好，嗓音好，低音高音都行，别人还没学会她已是清音朗朗了。

唱到18岁，她嫁人了，嫁给一个叫潘显文的书生。潘显文其实只读到小学五年级，但在小黄村就算文人了。但是，因为肺病，他46岁就撒手而去，那一年她40岁。苦拖着三个孩子，她担心别人对孩子不好，便不愿再嫁人。耕田、犁田、收割都是重活，她咬牙挺着，这样又过了几十年。

幸好有歌声陪伴她，唱天地万物，唱一生悲喜。20世纪八十年代，侗族大歌偶然被唱到了法国去，被那里的听众叹为"清泉般闪光的音乐，掠过古梦边缘的旋律"。

她白天干活，夜晚就去鼓楼唱歌教歌，日复一日，年复一年。而她的家，不知从何时起，变成了小黄村一个固定的传歌堂。

50多年来，跟着她学歌的弟子已有1600余人，她为当地培养了一大批优秀的歌手和歌师。其中，陪同国家领导人出访国外的"小黄十姐妹""小九朵金花"

笔者与潘萨银花来到她的家中，她拿出了自己整理的侗歌歌本，每本歌本都珍藏完好，每一个字，每一笔都有着时光的印记

两个女歌队更是名扬国内外。

如今，经萨银花教出来的年轻歌手，有300多人在贵阳、杭州、深圳、上海等省内外城市专门演唱侗族大歌，月均纯收入4000多元。

萨银花唯恐自己年岁已高，来不及将毕生所学倾囊相授给后人，她一有空就教孩子们学歌。"现在村里有40多个孩子在跟我学，她们作业多，学歌的时间比以前少了很多呢！但是不管怎么样，我们永远都要把侗族大歌一代代传下去！"

说到高兴处，萨银花说："悄悄地告诉你们，我已经找到了新一代的传承人了哟！"

"她叫潘涵吉，今年7岁了。"

萨银花带着我们到另一座鼓楼边，那是小涵吉的家，她亲切地叫着："涵吉！涵吉呀！"

涵吉不在家，几个小朋友分头去找："奶奶你等着，我们去叫涵吉回来。"萨

使命在肩——我和我的小康

银花拿出手机，说："我不戴眼镜看不清楚，你们翻一翻嘛。"她要找的，是前几天小涵吉身着盛装，在鼓楼里从容地给几十名游客唱侗歌的视频。

"涵吉声音好，胆子大，乐于交流。"萨银花说，涵吉4岁的时候，就开始跟着她学歌了。下雨的时候，萨银花就带着小涵吉在家里、在鼓楼里唱。天晴的时候，萨银花就会背着小涵吉上山，边做农活边唱，还给她讲那些古老的故事，一老一小便有了很深的感情。因拥有与生俱来的好嗓音，并且长期受到侗族歌舞文化的熏陶，小涵吉成了村里的"百灵鸟"，总爱对着青翠的山峦放声高歌。

来往的游客把小涵吉唱歌的视频发布到了网上，浙江卫视一眼看中了小涵吉，千里致函，邀请小涵吉参加2018—2019年跨年晚会。

那时，小涵吉作为领唱，与众星齐聚的"跑男团"一起演唱了《我爱你中国》。凭借天籁般的嗓音，小涵吉一开口便惊艳全场，余音绕梁。

不一会儿，小涵吉回来了，满头大汗却不失礼貌地向银花奶奶和我们一一问好。夕阳渐落，小涵吉给我们唱了很多歌。圆润而带着童真的歌声，像是在回应着空中起舞的飞燕，回应着鼓楼高高的塔尖，回应着千百年来沉寂的土地。

"涵吉啊，你最大的梦想是什么呀？"

"当一个歌舞老师。"

"为什么呢？"

"可以像潘奶奶一样把家乡的歌唱出去，还可以教会很多人。"

那一刻，萨银花轻闭双眼，露出了慈祥的笑容。

梁维安：侗戏的未来属于生机勃勃的革新者

潘皇林

人物名片

梁维安，侗族，年届八旬，从江县贯洞镇龙图村人，创作了54个侗戏剧本，广为流传。他创编的《蝉》，使侗戏首次有了歌剧的艺术表现形式；他创作的侗戏《官女婿》获文化部主办的第三届全国少数民族题材戏剧剧本创作金奖，是侗戏作品首次获国家级金奖。2019年他被评为第六批州级非物质文化遗产项目侗戏代表性传承人。

见到梁维安，是在2020年夏天的一个下午。

梁老居住在老家龙图村的嘎噜坡上，这里群山环绕，高低起伏，形如一条沸腾的苍龙，龙图村因此而得名。

蝉鸣、蛙叫、鸟啼，混合构成了令人惬意的背景音乐。这位80岁高龄的老翁精神矍铄、谈吐儒雅。我们面对面坐在他自制的门廊长凳上，杉木的年轮斑驳着岁月，像老人脸上的皱纹，沉稳、古朴。你实在想不到，梁老还曾经是余秋雨先生的学生。

侗戏，是他一生的付出和追求。他抱着自己新创作的剧本，开始了长达两个小时的讲述。

按时间来梳理吧：1961年，村小学老师；1965年，煤厂工人；1978年，镇文化站站长；1981年，县文化馆馆长；2000年，退休；退休以后，深居老家，创作不息。

使命在肩——我和我的侗道

祖父、父亲都是村里的戏师，梁维安从小便受到了侗戏的熏陶。在学校任教时，20多岁的梁维安开始了他第一部戏剧的创作——把《说岳全传》改编成侗戏，结果一鸣惊人，在当地引起了轰动。那段时间，附近侗寨村民天天来龙图听"岳"。在煤矿厂上班时，梁维安组织起了工人文艺宣传队，专唱侗戏。

"龙图村有个侗戏才子。"1978年，从江县委宣传部部长潘年斌慕名而来，想给镇文化站选贤任能。当时，梁维安正在烧火煮猪食。潘年斌给了一个题目：创作一个关于改革开放的剧本，两天交稿。梁维安当即表示："何需两天，部长请坐，烧好猪食，剧本自成。"

果不其然，短短一个小时，梁维安飞快地构思、起笔，以村里韦玉清老人的经历为蓝本的侗戏剧本就完成了。

潘年斌当即感叹："真乃奇才，不可不用！"于是，梁维安被安排到了贯洞镇文化站工作，任站长。从此，他走上了漫长的侗戏研究、创作之路。

1985年，上海戏剧学院戏剧创作专修科向大西南招生，梁维安是贵州省唯

蓝天白云，狗吠鸡叫，生机勃勃，梁维安坐在自家的小院里，这是他创作的热土，梦开始的地方

一一名被招录的学子,他的老师是余秋雨。作为全校年纪最大的学生,梁维安比老师余秋雨还大6岁。对于这个来自侗乡的大龄学生,余秋雨格外关注,并予以悉心教导。此后数次来贵州黔东南,余秋雨都叫上梁维安,一起畅游苗乡侗寨。

在上海戏剧学院就读4年,通过系统、专业的学习,梁维安对侗戏有了更为清晰的定位和认识。他先后创作了《送礼》《姑妹》《古榕人家》《古榕春色》《官女婿》等50多个侗戏剧本。

侗戏,是全国317个剧种(其中少数民族剧种22个)中的一种,2006年被文化部列入第一批国家级非物质文化遗产保护名录。

"侗戏有近百个如今还在盛演不衰的保留剧目,有数百个戏班仍活跃在黔、湘、桂三省(区)的广阔侗乡,这体现了它极其蓬勃的艺术生命力。"

在交谈中,老人眼睛深邃,目光睿智,处处展现出一位智者、学者、长者的风范。

"电影电视艺术的广泛应用传播,对侗戏产生了巨大冲击。侗戏的传承令人

梁维安所获荣誉证书

忧虑，看不到或不承认这一点，显然是不明智的。"

"但是，侗戏艺术在侗乡比其他艺术更集中、更强烈地反映了侗族社会历史意蕴和民族心路历程，它有简洁无景的舞台和以传神取胜的朴实表演，侗家人在当下仍然需要这种审美聚会和群体性的心理体验，这是侗戏生命力的根底。"

"侗戏美的生命延续，是紧贴着切实的历史步履前进的。"梁维安举了几个例子：演了一百多年的侗戏《金罕》，反映的是人类追求美好世界的意旨；《四艾寻歌》反映的是人类寻求歌舞欢乐、丰富精神世界的愿望；《朱郎娘美》反映侗族青年男女争取婚姻平等自由的斗争精神；《丁郎龙女》歌颂勤劳、善良、诚实的美德；《梅良玉》对善恶忠奸进行了高度集中的弘扬与鞭挞。

"侗戏数十年来的改革创新，尽管也有失误，但应予以谅解。"梁维安笃定地说，"我们当下创作的剧目，不能忽视社会生活的主旋律，不能脱离人民大众所追求和向往的东西，不能离开侗戏与观众所达成的历史默契。"

老人不顾口渴，推开了老伴送来的茶水，抑扬顿挫地表达着，像是一场自我的辩论："总之，侗戏的一切，要以民族的审美意愿为转移，紧贴时代步伐，侗戏改革创新的方向必定是多形态、多样式的多元化审美组合。侗戏的未来，将属于生机勃勃的革新者。"

"生命不息，创作不息。"这是梁维安挂在墙上的一幅字。他是编剧、导演，也是演员。他的住所，如今是村里侗戏班子的训练基地，也是传带弟子的主要场所，老伴和女儿在这里陪伴他、支持他，数十年无怨无悔。

临走时，梁老拿出了已创作一半的剧本《情洒山乡——新编侗戏·李春燕》给我们看。这位八旬老翁，决意要把全国劳动模范、当年感动中国十大人物和中国十大杰出青年、从江县雍里乡大塘村卫生室乡村医生李春燕的感人事迹，写成一部经典侗戏，世代传唱。我们祝愿老人的这一新作早日完成。

陈正仁：传承千年苗族说唱文化

康 莉

人物名片

陈正仁，苗族，雷山县郎德镇上郎德村人，嘎百福省级非物质文化遗产项目代表性传承人，学习并会演唱嘎百福、古歌等十余种苗族传统曲艺，1984年开始教授徒弟。自从事嘎百福演艺事业以来，陈正仁主持过本地若干次大、中、小型苗族文化活动，义务参加县、州相关部门组织的各种形式的非物质文化遗产活动多次，使苗族文化得到传承、发展和传播。

说到近几年最流行的音乐类型，很多人都会异口同声地回答：说唱音乐。说唱音乐这种小众文化的崛起，让越来越多的人将目光更专注于音乐形式的创新与融合。但，很多人都还不知道，其实苗族也有说唱文化，并且传承了上千年。在雷山县上郎德村，嘎百福省级非物质文化遗产项目代表性传承人陈正仁，一辈子都在为传承嘎百福这一苗族说唱文化而付出。

2021年6月10日，记者一行来到上郎德村，陈正仁领着我们走进他的家。传统的苗家吊脚楼，屋内干净整洁，最引人注目的，就是他在各类歌唱比赛中获得的一面面锦旗挂满了墙壁。

看着满墙的锦旗，陈正仁向记者介绍起了嘎百福。据悉，嘎百福是流传于雷山苗族地区的说唱文化的总称，也就是由民间口头文学和歌唱艺术经过长期发展演变形成的一种独特的艺术形式。目前集录成文的嘎百福有近百部，内容极其丰富，从青年男女追求纯真爱情、控诉封建包办婚姻的英勇斗争形象到表扬社会上的好人好事等。嘎百福是苗族社会精神文明的画卷和苗族人自我教育的教科书。

"嘎百福真的太有意思了，虽然很多都是古老的传说故事，但是里面的大道

使命在肩——我和我的水道

采访结束，陈正仁站在荣誉墙前，让记者帮他和他的"宝贝"们一起合张照，他特地整理一下服饰，面对镜头，眼神坚定且自豪

理真的研究不完。"说起嘎百福，陈正仁打开了话匣子。

陈正仁11岁便开始跟着父亲学唱嘎百福，父亲只问了他一句话："你真的想学吗？"陈正仁坚定地说："嗯，我真的想学！"

就这样，陈正仁师从父亲陈路写学习苗歌，主要内容有：嘎百福、雄歌、榜香你歌、桌凳歌、吃新歌、游方歌。陈正仁现在会唱的苗族嘎百福有立新房歌、做客歌、喜事歌、满月酒歌、丧事歌等，他除了会传统的苗族嘎百福之外，还结合新农村建设新编了不少苗族嘎百福。

"我虽然1984年就开始带徒弟了，但是能唱好的人真的不多见。"通过陈正仁的介绍，记者了解到，嘎百福虽与苗族古歌有些相似，但在演唱形式上难于古歌，所以多年来，会唱嘎百福的人并不多。

嘎百福一直以来都是口头传承，并没有文字的记载。陈正仁教授学生的方式除了现场教学，还有把自己演唱嘎百福的光盘送给学生，让学生看着视频学习。但要把一部文学作品用说唱的形式展现出来，在特定的曲调上又说又唱，不仅考验嘎百福演唱者的记忆力，也考验演唱者的乐感、表达能力。陈正仁说："有些人虽然把词记住了,但是只要把视频一关,张口却什么也唱不出来了。"

"以前唱一次给1.2元,现在给12元,唱这个根本就不是为了钱,就感觉能为村里这些朋友做点事情,他们认可我、信任我,这就足够了。"从事嘎百福演艺事业以来,陈正仁平均每年被邀请唱立新房歌30户以上、喜事歌20余户、丧事歌10户以上和满月酒10户以上,在郎德镇受到村民们的一致好评。

作为传统的民族民间艺人和非遗传承人,自从1986年上郎德村对外开放以来,陈正仁与村里的老少组成表演队,一直给游客演唱嘎百福。

陈正仁说:"有外国的游客,还有外地的游客,他们虽然听不懂我们的苗语,

坐在荣誉墙前,陈正仁侃侃而谈,一字一句,都能让人感受到他心中的坚持与信念

使命在肩——我和我的小道

但是我唱的,他们都觉得很神奇、很有魅力,还有人想跟我学习。"

"嘎百福它还是属于一种小众文化,想要被大众接受,这个过程还是有些漫长,所以在嘎百福的传承发展中,陈正仁老师和我们也一直在做这方面的探索、研究。"雷山县非物质文化遗产保护中心苗族文化研究院副研究员陈艺告诉记者。

陈艺说:"同样是说唱文化,近几年说唱音乐快速流行起来,我们可以看到歌手通过说唱音乐真诚地表达着内心的情感与故事,向大众传递真善美的正能量内核。不需要过多的押韵技巧和制作编排,真诚、真实地讲述心底最原始的情感更能打动人心。我们嘎百福这一苗族说唱文化,讲的也是最纯真的真善美,所以,找到一种群众喜闻乐见的表演形式,一定可以让大众接受。"

就在我们采访结束之时,记者从国务院发布的《关于公布第五批国家级非物质文化遗产代表性项目名录的通知》中获悉,国务院批准文化和旅游部确定的第五批国家级非物质文化遗产代表性项目(共计185项),嘎百福名列其中。

民族的就是世界的,嘎百福这一苗族民间说唱艺术,定会在陈正仁和非遗工作者的共同努力下,走进大众的视野。

万政文：让反排人世世代代会跳自己的木鼓舞

康 莉

人物名片

万政文，苗族，台江县方召乡反排村人，2008年被评为反排木鼓舞国家级代表性传承人。从自己热爱反排木鼓舞，到带领反排村的男女老少学习、传承反排

万政文带着笔者在村里看了他新修的房屋和村里正在建的民宿，与笔者聊着下一步如何让反排村发展得更好，让反排木鼓舞传承得更好

使命在肩——我和我的师道

万政文纠正村里小舞蹈演员的舞蹈动作

木鼓舞，万政文让反排木鼓舞这一苗岭深山中的瑰宝走出村子，走遍了全国，走向了世界，获得了极高的赞誉。

初冬时节，雾锁苗岭。2020年11月15日中午，暖阳拨雾，苗疆重重大山层林尽染，蜿蜒的公路如银项圈一般绕在山脖子上，一个个吊脚楼像苗家百褶裙块状装饰散落在半山腰上。沿着石子路，我们走进了台江县方召乡反排村反排木鼓舞国家级代表性传承人万政文的家中。

万政文的新房子刚刚立好，他正在和木匠师傅刨木板做装修，满屋都是杉木特有的芳香。

"这是您的新房子吗？"

"是呀，我准备拿来做传习所。"

记者采访得知，从2008年被评为反排木鼓舞国家级代表性传承人以来，万政文把每年国家给予的传习补助金都存了起来,到如今已有10万元。用这笔补助金,再加上自己的积蓄,这个69岁的老人从今年6月开始,在老房子旁边新修了一栋木房子,准备用作反排木鼓舞的传习所。

"这栋房子,就是以后我教孩子们跳舞的地方。以后过年儿孙们回来,我们也在这里跳!"万政文兴奋地介绍着,比划着房子内部的功能区划。

反排木鼓舞是一种祭祀性舞蹈,源于鼓藏节,历史渊源久远。这种舞蹈动作简练,组合丰富,风格热烈豪迈,表现苗族先民生活的场景和地理环境,由五个鼓点章节组成,即"牛高抖""牛扎厦""厦地福""高抖大""扎厦耨"五个舞种。

20世纪80年代以前,反排木鼓舞是在每逢十二年一次的鼓藏节才能跳一次的,过节时跳木鼓舞不能说话,年轻人只能跟着会跳的人学,寨上平时也不能敲击木鼓。所以,反排木鼓舞传统上不是通过口传身授,而是通过有心人眼看模仿、耳听心记的方式传承。

万政文与笔者分享他表演时的"靓照",鼓点响起,舞步跃起,广袤的天地,所有共命运的一切都在闪耀

使命在肩——我和我的木鼓

万政文说："改革开放后，我们村的经济有了一定的发展，人们有了较多的空闲时间，也开始举行更多的节庆活动，木鼓舞也不再是鼓藏节的专属。老一辈人也开始向下一代人传授舞艺，我也能公开向张荣鲁等寨老学习。"

田间劳作时，心中想着鼓点；闲暇空余时，反复练习舞步。敲断了几十副鼓槌，磨破了几十双鞋子，万政文熟练掌握了木鼓舞的所有技艺，成为一名鼓手和舞者。

1982年，本着对木鼓舞的热爱，万政文与村里十来个志同道合的青少年一起成立了表演队，赴国内外各地演出。

"好多场景都记不起来了。"万政文努力回忆着，"印象最深的，是1988年到美国华盛顿参加中、日、苏、美'四国艺术节'。"

"最想不到的是在美国也有我们苗族同胞，而且苗族语言相同、习俗相近。"在美国的一个月时间里，万政文时常应邀到美国的苗族同胞家里，与他们同吃同住，交流着芦笙、木鼓舞等苗族特有的艺术文化。

万政文说："这一次出国我收获很多，也真正理解了民族的才是世界的。他们都让我留在美国，但我知道反排村才是我的根。"

1990年，万政文带队去北京参加第十一届亚运会开幕式时到中南海表演，受到了党和国家领导人的接见。他说："我一个没有什么文化的农民能出国就已经不可思议了，居然还能在中南海为国家领导人跳反排木鼓舞，对我来说是一种荣耀也是一种激励。"

万政文的木鼓舞在贵州大有名气。1991年至1993年，他受邀到贵阳红枫湖苗寨当教练、队长，传授反排木鼓舞等苗族歌舞技艺。

"那时候我的工资是最高的，上千块吧。"万政文说，"在村里务农一年也挣不了几个钱，村里的年轻人看到我跳舞能挣钱，也都纷纷来找我学习反排木鼓舞，我都乐意教。"

如今的反排村，在外依靠歌舞表演谋生的村民有一百多人。同时，反排村也依托独特的歌舞文化着力推动村里的旅游产业蓬勃发展。

反排木鼓舞对于村里的其他人来说，可能只是一种挣钱的技艺，但对万政文来说，更是一种需要传承的文化。他说，他要把反排木鼓舞传承下去，让反排人世世代代都会跳自己的木鼓舞。

"我现在要把木鼓舞传给子孙后代,我在反排小学、台江小学、台江中学都当老师,我们反排小学我每个星期都去。"万政文说。

"我每次跳木鼓舞,都会想起祖先。因为有他们艰苦的开垦岁月,才有了我们现在美好的生活。所以跳舞是在敬畏祖先,要跳出一种精气神。"万政文一边说着,一边脱掉外套向我们展示木鼓舞中游泳、砍草等动作,跳起舞来的他,仿佛还是二十岁的青年,神采奕奕。

"传统的反排木鼓舞每一个动作都反映了祖先从江西迁徙而来的故事,所以有一个动作练不好就是对祖先的不尊重。"为进一步规范传统反排木鼓舞每一个章节的动作,万政文准备亲自编写视频舞蹈教材,方便后人学习与传承。

如今,万政文的儿女都在城里有了很好的生活,但他依然不愿意离开反排村。

"我的根就在这里,还能去哪里呢?况且我想做的事还没有做完呢!"说到这儿,万政文的脸上露出了难得的笑容。

站在万政文即将落成的传习所二楼的窗边,放眼望去,一对姊妹古杉见证了反排村千年来的风风雨雨——岁月留下的不仅有古树,还有反排人世世代代跳着的反排木鼓舞。

使命在肩——我和我的水道

胡官美：只有传歌才快乐

康 莉

人物名片

胡官美，侗族，65岁，榕江县栽麻镇宰荡村人。为了传承侗族大歌，胡官美四十多年来，义务教出了一代又一代的好歌手，为当地侗族大歌传承和乡村文化

窗外小雨无声飘着，胡官美拉着笔者走进家中，坐在炭火盆边，回忆起往事，仿佛自己还是年轻时候那个一心扑在唱歌上的姑娘

振兴作出了突出贡献。2012年，胡官美被评为国家级非物质文化遗产侗族大歌代表性传承人。

2021年3月4日，记者一行来到榕江县栽麻镇宰荡村加所侗寨，连绵的春雨淅淅沥沥地下着，不停地弹奏着古老而又淳朴的乡村序曲。国家级非物质文化遗产侗族大歌代表性传承人胡官美和儿媳杨焕珍在家门口，笑盈盈地与我们打招呼。

传统的木屋内，胡官美获得的各种奖状、荣誉证书贴满了墙壁。一盆炭火无声地燃着，土陶罐架在炭火上温着中药。

"婆婆昨天才出院回来，现在还需要喝药、静养。"儿媳杨焕珍告诉我们。

"哎，近期身体不好，发不出声音，不能唱歌给你们听了，不好意思呀！"胡官美弱弱地说着，虽然一直微笑着，但能看出她脸上难免失意。

今年正月初四，寨子里有人家办喜事，男女老少都来到鼓楼下对歌，过年又遇上喜事，大家热热闹闹，兴高采烈地唱着笑着，胡官美也在其中。

胡官美回忆着病倒的场景："我们那天从晚上八点开始对歌，一般都是要唱到天亮的，但是我因为身体原因，只唱到十二点就坚持不下去了，遗憾。"被家人搀扶到家中的胡官美，就这样晕倒了，连夜被救护车送到县医院，这一住院就是十多天。

"胡老师，其实您那天晚上可以不去对歌的吧？"面对记者的疑问，胡官美坚定地说："只有传歌、唱歌我才快乐，在最热爱的事情面前，早已忘记了病痛。"

是呀，这一生热爱的侗族大歌，胡官美一唱就是四十多年。

从3岁起，胡官美就跟着父母及寨里的歌师学唱侗族大歌，能唱三四百首。长大嫁人以后，胡官美先后生育了3个子女，她与丈夫一道教他们唱侗歌。大女儿杨秀珠与小女儿杨秀梅是县里出名的侗歌"姐妹花"，她俩曾获众多比赛大奖，还是2006年青歌赛上获得原生态唱法银奖的蝉之歌组合和2008年摘取第十三届青歌赛合唱类铜奖的侗族大歌组合的骨干成员，并曾远赴法国、西班牙等国家演出。杨秀珠说，母亲教歌时经常教育她们，生活中要像唱侗族大歌一样，团结协作，互相配合，才能过好日子。

除了自家儿女，胡官美还教加所侗寨及周边侗寨的其他孩子们唱歌。

使命在肩——我和我的水道

在家中众多的荣誉奖状里，胡官美拿起这张"最美家庭"证书，无比自豪地告诉笔者这张最珍贵

"第一次来婆婆家学唱歌的时候，我才3岁。"儿媳杨焕珍告诉记者。"是呀，我看到她就想到自己3岁开始跟父母学唱歌的情景，很投缘。"胡官美看着儿媳笑着说。

缘分让她们成了一家人。在胡官美家里，包括两个女儿杨秀珠、杨秀梅，儿媳妇杨焕珍和她丈夫，共有5名歌师，一家人就是一个歌队。2017年，胡官美家庭获得了"全国最美家庭"荣誉称号。

儿媳杨焕珍说："这些年来，一家人过得很和睦，从未吵过架、红过脸。婆婆认为歌就是智慧、学养、知识、文化，谁掌握的歌多，谁就最受人尊重。在侗族地区，歌师教的不仅仅是歌，更是教我们怎么样做人。"

四十年来，出于对自己民族文化的喜爱，胡官美一直义务为孩子们传歌。

"记不清了，寨子里的小孩我大多数都教过。"胡官美说。学生中有小孩，也有成年人。小孩都是放学后就集中到她家里来学，成年人白天做农活，到了晚上，大家相约一起到她家里学歌。教学内容主要是侗族大歌（分为鼓楼大歌和童声大歌），同时根据需要也教侗族的拦路歌、情歌、敬酒歌、耶歌、叙事歌等。一般都是大家一起学，有不会的再一个一个地慢慢教，直到学会为止。

"婆婆教的学生确实很多，冬天的时候家里来的学生多，得放两盆炭火才够，每年冬天婆婆都会买两千块钱的木炭备着，从来不收学生一分钱。"儿媳杨焕珍告诉记者。

通过长时间的经验积累，胡官美的演唱技巧和教学水平获得了国内外专家的认可，她成了榕江县非遗中心的兼职培训老师，同时，还在加所小学长期担任校外侗歌老师。

正是因为胡官美几十年如一日地坚持传承侗族大歌，才让越来越多有天赋的学生可以走出侗寨，成为歌师走上侗族大歌演绎之路，从而多了一项就业选择。"作为侗族大歌传承人，我从来没担心过侗族大歌会失传，因为它早已成为我们生活中不可缺少的一部分。"胡官美自信地说道。

"胡老师，那您觉得侗族大歌学唱有难度吗？"

"不难不难，你听这春雨落下来的声音，你想那鸟叫蝉鸣声，侗族大歌与大自然是融为一体的。"

千百年来，许许多多与胡官美一样的侗族歌师，默默地、无私地，用真诚、善良的歌声滋润着这片土地和扎根在这里的传统民族文化，也为人们的心中带来纷飞的希望与生机。

在此，祝愿胡官美老师早日康复，为侗族大歌的传承作出更多贡献。

使命在肩——我和我的小道

龙再成：永不停歇的仰阿莎情怀

康　莉

人物名片

　　龙再成，苗族，施秉县双井镇黄琴村人，2020年被评为仰阿莎省级非物质文化遗产代表性传承人。他是施秉、黄平两县著名的苗族古歌、仰阿莎歌歌师，但凡带队到各地参加歌唱比赛，几乎都是获得第一名。几十年来，他授徒传艺，使仰阿莎的知名度大大增加，他还开展仰阿莎调查、收集、整理、研究工作，并撰

龙再成整理完成的资料放在传习所里供有需要的人学习参考

32

龙再成细心整理出的一本本资料

写成相关论文，挖掘仰阿莎的文化价值。

走在黔东南各地，经常可以看见以仰阿莎命名的手工艺作坊、饭店等。仰阿莎，苗语意为"清水姑娘"，是苗族的"美神"，在黔东南苗族民众的心中有着很高的地位和代表性。

此外，仰阿莎也是一类流传于黔东南的苗族长篇叙事歌的总称。

"仰阿莎被誉为'苗族最美丽的歌'，是苗族古经十二路大歌之一，反映着苗族传统的社会生活、历史文化、哲学思想和美学观念等，它所蕴含的智慧，我这一辈子也研究不完。"近日，记者在施秉县仰阿莎传习所见到了龙再成，听他说起他与仰阿莎的故事。

年少时的一个寒冬，龙再成随本寨小伙们游方投宿，夜间与客寨小伙们对唱苗族大歌，每次总是龙再成领唱，他嗓音好，变音、低音、高音、和声样样在行。歌声回响，温暖如春，从此一颗种子埋在了他的心中。

使命在肩——我和我的水道

工作以后，龙再成的闲暇时间都被仰阿莎填满："我心里一直有仰阿莎的情怀，想从专业的角度深入研究它。"如今，龙再成已退休，传承和保护仰阿莎成了他的主要工作。

从1980年开始，龙再成深入施秉县各苗族村寨，开展仰阿莎调查、收集、整理、研究工作，并据此撰写了《仰阿莎资料汇编》《仰阿莎的保护现状及传承意见》《浅论仰阿莎文化的传承对策》等文章。他还参与编写了施秉、黄平两县搜集整理的《苗族十二路大歌》40余万字、《苗族古歌古词》35万字。

"仰阿莎作为苗族古歌的一个代表，其内容有着民族团结进步等优秀内涵，不仅是非物质文化遗产，也是优秀的民族文化。"通过多年来对仰阿莎的研究和理解，龙再成深刻认识到，想要将仰阿莎更好地保护和传承下去，必须加大宣传力度，让更多人知晓。

这些年来，龙再成在宣传仰阿莎的路上不曾停歇，也正是他爱"折腾"的这股劲，让仰阿莎的魅力大放异彩。

在传习所里，笔者看到龙再成获得的荣誉锦旗，满眼红色映入眼帘

2010年以来,龙再成共举办仰阿莎培训班78期,培训学员2160人次。他带领学员到各地参加苗族歌舞大赛,斩获多个奖项。这些参赛活动,充分调动了学员学习仰阿莎的积极性,让学员们真切感受到成就感的同时,也进一步巩固了学习成果。

　　他还组建了施秉县老年大学民族文化班,成立了施秉县仰阿莎传习所,每个星期培训仰阿莎一天,培训结束还组织考试,考试合格者发给结业证书,作为培养县级传承人的依据。

　　龙再成说:"既然要学就得来认真学好,每一路歌考试合格都会发一个证书,让学员觉得学有所成,我自己也能看到付出得来的收获。"

　　而龙再成花精力最多的,还是与黄平谷陇苗艺制作室合作,把仰阿莎录入光碟、U盘、手机内存卡,只按成本价发售给广大苗族青年唱歌爱好者。许多外出务工的苗族青年将这些光碟、U盘等带到全国各地,并利用休息时间学唱,起到了很好的宣传效果。"现在,仰阿莎的宣传效果已经非常明显,全国各地都能听到了,会唱的人也越来越多,我很高兴。"龙再成说。

　　前几年,每逢赶集日,龙再成便在县城农贸市场设点宣传,讲述仰阿莎的故事内容,示范标准唱法,宣传仰阿莎作为国家级非物质文化遗产项目的文化价值。

　　2019年春节期间,龙再成带领施秉县城关片区仰阿莎传习所学员一行30余人,参加施秉县迎新春龙灯展演、民族文化巡游展示系列活动。在民族文化巡游展示期间,全县城流动播放仰阿莎,连续播放五天,宣传受众10万余人次,仰阿莎在城关片区及县城基本可谓是家喻户晓。

　　现在,龙再成最喜欢去的地方还是仰阿莎传习所。在那里,他看着自己几十年来为仰阿莎传承、保护与发展做出的成果,每一样都像他的宝贝,他总是忍不住与人解读、分享这用心守护的民族文化瑰宝——仰阿莎。

使命在肩——我和我的水道

李宏美：苗歌唱出脱贫攻坚新气象

康 莉

人物名片

李宏美，苗族，锦屏县河口乡韶霭村人。她不仅是河边腔苗歌省级非物质文化遗产代表性传承人，也是黔东南州第十二届政协委员。多年来，她认真履行传承人职责，把苗歌与脱贫攻坚相结合，积极参与各项文艺宣传活动，用优秀民族传统文化丰富脱贫攻坚精神文化阵地，讴歌苗乡侗寨干部群众奋战脱贫攻坚、决

李宏美参加演出，盛装打扮，以最饱满的精神状态面对观众

正值中午，阳光直晒，李宏美热情地向笔者展示她的歌喉与唱法

胜全面小康的感人事迹，受到群众的广泛称赞。

打开《锦屏时光》宣传片，一首旋律悠扬、唯美动听的苗歌在我们的耳边回响。这首苗歌的演唱者，便是河边腔苗歌省级非物质文化遗产代表性传承人李宏美。

"这首歌的歌名叫作《只有山歌买不来》，欢迎你们来到我的家乡锦屏，这里山美水美，一定会让你们来了就舍不得走，我还要用我的歌声让你们留下来。"2020年9月9日，记者一行来到锦屏县，李宏美热情地给我们介绍起了她的家乡，还有她热爱的河边腔苗歌。

红日东出见彩霞，雾霭散现苗人家。坐落在山岭间、乌下江畔的韶霭村，就是李宏美的家乡。

文化广场、戏台、风雨长廊……在这个中国传统村落里，弥漫着丰富多彩的人文艺术气息，与之分不开的，是几百年间一直流传于此的河边腔苗歌。

37

使命在肩——我和我的小康

"古歌、飞歌、酒歌、情歌、劳动歌……"李宏美向记者介绍道。河边腔苗歌是锦屏县清水江流域一带流传的一种即兴创作的山歌，对唱的曲式结构是其特色，唱词多反映当地苗族人民的民风民俗。歌曲尾音较长，音域较广，歌词简短精练，节奏舒缓自由，声调中以"过山腔"最为高亢，蕴含着丰富的情感，体现出鲜明的艺术特征。

李宏美是河边腔苗歌的第七代传承人，自幼跟随母亲学习歌唱。年少时，村旁的游方场上、坡上的古树脚边，时常都能见到她与伙伴一起歌唱的身影。长大以后，她参加了县文艺队，从此，不论是在县里的各类演出中，还是在各大民歌比赛赛场上，李宏美自然成了缺不了的主角。

"开始参加唱歌比赛，是因为有奖品和奖金。后来，随着自己对民歌文化价值理解的深入，参赛更多的是为了弘扬我们优秀的民族传统文化，为了让更多的人了解我们的河边腔苗歌。"作为传承人，李宏美感到沉沉的责任。

2016年9月，李宏美参加"黔东南州建州60周年民间山歌大赛"，她凭借几十年的积累和声情并茂的演唱，经过五轮激烈竞争，最后斩获"歌后"桂冠。

李宏美告诉记者："河边腔苗歌，是韶霭村村民不可缺少的精神食粮，男女老少都非常喜爱。我不仅是传承人也是州政协委员，我希望能做些事情，让河边腔苗歌的歌声给予大家更多的快乐和力量。"

多年来，李宏美始终把加强民族文化的保护、传承与提升传统文化技艺紧密结合起来，通过不定期组织开展各式各样的巡演、技艺比赛等活动，扩大民族文化艺术的展示空间，加大民族文化的传播力度，培养民族文化艺术人才，使民族文化更加广泛地深入人心，增强民族文化的生命力。

2019年8月，韶霭村脱贫攻坚战到了最后决胜时刻。锦屏县政协作为韶霭村的帮扶单位之一，在韶霭村举办了"民歌唱脱贫攻坚"活动。李宏美自己创作歌词，教村民用河边腔传唱。其中一首歌词为："党的政策真英明，男女老少喜盈盈。街道整洁人气旺，社会和谐美名扬。脱贫攻坚齐奋进，韶霭旧貌换新颜。感谢党的好领导，脱贫攻坚美前程。"

感党恩，战贫困。歌唱活动，让村民通过喜闻乐见的形式学习脱贫攻坚政策，体会干部攻坚的辛苦，感受家乡的新变化。歌曲唱出了韶霭村民的心声，增强了大家脱贫的信心，营造了良好氛围。2019年12月，韶霭村整村脱贫出列。

"能为社会贡献自己的一点点力量，借由音乐作品向外传播温暖与能量，我义不容辞。"李宏美说。

现在，通过不断创新，河边腔苗歌早已超越了"歌以咏志"的范畴，做到了"文章合为时而著，歌诗合为事而作"，既以歌传唱贫困村脱贫攻坚的难忘征程与新村崭新面貌，更以歌弘扬共克时艰的精神，引起大众广泛共鸣。

风雨过后见彩虹。如今，正如韶霭村一样，广大农村面貌日新月异，特别是贫困村群众的生产生活有了质的提升，幸福感和获得感不断增强。河边腔苗歌在李宏美等歌师的积极传承和弘扬下，沐浴着新时代的春风，必将代代相传，繁荣发展。

使命在肩——我和我的 水道

李金英：传承世代的文化图腾

王佳丽

人物名片

　　李金英，女，苗族，1965年生，贵州丹寨人。第二批国家级非物质文化遗产项目苗族芦笙舞（锦鸡舞）代表性传承人。李金英1975年开始随母亲学习制作锦鸡服饰和跳锦鸡舞，后来逐步成为丹寨锦鸡舞表演队的骨干成员。由她组队编排的"苗族锦鸡舞"节目，在各类文化艺术节演出中多次获奖。此外，她还制作了许多锦鸡舞盛装和精美的花带等饰品，她制作的锦鸡舞原生态苗族服饰被中国民族博物馆收藏。她的作品在2006年多彩贵州旅游商品"两赛一会"活动中，荣获县级"原创奖""优秀作品奖"和黔东南州"最佳创作奖"。多年来，她将自己掌握的技艺耐心传授他人，获得当地群众的高度赞誉。

　　深秋时节，沐浴着暖暖的阳光，记者一行慕名来到丹寨县排调镇麻鸟村。车子还在沿着蜿蜒的山路绕行，耳边却仿佛传来了阵阵芦笙声，记者不由产生翩翩联想——在那些久远的年代里，这里的人们便伴着芦笙学锦鸡起舞，一代又一代接续传承……

　　"我八九岁时，寨子上每逢喜庆节日，大家酒足饭饱后，芦笙手就拿起芦笙到寨坝中间吹跳，人们听见后都纷纷加入。"不出意外，李金英也是自幼学习锦鸡舞的。"那时我妈（张阿妮）才30多岁，她也经常参加跳锦鸡舞。当我看见妈妈在跳舞时，就跑过去拉着妈妈的手让她牵着我一起跳。那时我年纪还小，不懂事，无拘无束的。初学时说是跳舞，实际上是跟着走步，走错了也不要紧，因为没有人会指责你。我就是在这样的环境中慢慢学会跳锦鸡舞的。当然这也与妈妈平时的教育和影响分不开。"

李金英（三排右四）外出表演

后来，随着年龄的增长，李金英对锦鸡舞的了解又多了几分：锦鸡舞发源于贵州省丹寨县排调镇境内，流传于苗族"嘎闹"支系居住的排调、也改、加配、党早、麻鸟、羊先、羊告、也都等苗族村寨。传说这个支系的祖先住在东方大平原上，后来迁到一个叫"展坳对社"的沙滩边居住，又因洪灾而沿江上行来到如今丹寨县所在地，定居后，苗族的祖先们一边开田，一边打猎充饥度日。因为锦鸡帮助他们获得了小米种子，从而度过饥荒，所以锦鸡就成了他们的命运吉星。于是，他们仿照锦鸡的模样打扮自己，并模拟锦鸡的求偶步态跳起了芦笙舞。

在数千年的传承与创造中，锦鸡舞形成了自己独特的风格：独特的"四滴水"芦笙伴奏；自成体系的百余首芦笙曲；舞蹈动作中腰、肢、臀、膝、步等起、承、转、合的韵律，与"滚山珠"等其他芦笙舞风格迥异。

后来，李金英从羊先村嫁到麻鸟村。麻鸟人对锦鸡舞的热情特别高涨，节日里，男子吹奏芦笙作先导，女子着盛装跳锦鸡舞步。

"记得2004年吃新节，跳锦鸡舞的苗族女子，年长至八十多岁的老太太，年

使命在肩——我和我的水道

幼的有四五岁的小女孩，还有背着孩子的妇女也来参加。麻鸟村七八十人一直跳到晚上十二点多，直跳到大家的动作完全整齐划一还不愿散去。"而李金英的丈夫余贵周，则带着男子芦笙队一直在场上吹芦笙，并不断切磋芦笙技艺。"最后村主任怕影响第二天的活动，只得拉了电闸。"

余贵周既是制作芦笙的高手，又熟谙芦笙音律，吹奏技艺精湛，舞蹈动作娴熟优美。而李金英除了组队编排的"苗族锦鸡舞"节目参加文化艺术节演出多次获奖外，还制作了许多锦鸡舞盛装和精美的花带、饰品等，她制作的锦鸡舞原生态苗族服饰被中国民族博物馆收藏。她的作品在2006年多彩贵州旅游商品"两赛一会"活动中，荣获县级"原创奖""优秀作品奖"和黔东南州"最佳创作奖"称号。多年来，她将自己掌握的技艺耐心传授他人，获得当地群众的高度赞誉。

2006年5月20日，苗族芦笙舞（锦鸡舞）经中华人民共和国国务院批准，列入第一批国家级非物质文化遗产名录。次年2月，李金英、余贵周被评为第二批国家级非物质文化遗产锦鸡舞项目代表性传承人。

李金英和丈夫在村里教孩子们跳舞

如今，两位传承人尽管年纪大了，但仍时不时教年轻人跳锦鸡舞。而锦鸡舞在传播的过程中，也逐步演变得更加丰富。经丹寨县文艺工作者的不断改编、再创作，其舞蹈动作更接近锦鸡自然生活嬉戏的状态，如锦鸡觅食、嬉戏、展翅翱翔等，舞姿轻盈流畅、优雅自然，很受人们的喜爱。

　　如今，锦鸡舞已从雷公山深处的山旮旯里走进了都市，从民间节日活动登上了各类大小文化舞台，甚至从中国走向了世界，深受广大观众的喜爱，并获得国内外艺术家的赞誉，成为苗族文化艺术的一张靓丽名片！

　　余金英和丈夫的努力，为锦鸡舞的传承与发展提供了源泉动力。也令当地苗族同胞更具自信心、归属感和凝聚力。越来越多的人加入了解、学习、宣传锦鸡舞的队伍中，让锦鸡舞得以更好地传承与发展。

使命在肩——我和我的水道

梁华志：侗寨里的"最佳男主角"

康　莉

人物名片

梁华志，侗族，67岁，从江县蜡水村人。他从18岁开始学习侗戏《珠郎娘美》，之后22年的时间里，他用自己的专注与热爱，为侗寨里的父老乡亲们演绎了一个有血有肉的珠郎形象。2015年，梁华志被评为省级非物质文化遗产项目《珠郎娘美》代表性传承人。

锣鼓喧天，丝竹盈耳，多少波澜壮阔、哀婉缠绵的故事在此上演，剧情曲折委婉，诉说着忠孝节义、世间百态，演员声情并茂，观众如痴如醉。

"小时候就喜欢听侗戏、看侗戏，听多了、看多了自然而然就会了。"2020年8月16日，漫步在从江县蜡水村的老戏台旁，梁华志向记者一行说起了他和《珠郎娘美》的不解之缘。

民间文学《珠郎娘美》是侗族最为经典、最具代表性的文艺作品之一，从清朝开始一直广泛流传于贵州、广西与湖南的侗族聚集地。2008年，《珠郎娘美》被列入国家级非物质文化遗产名录，其从口传文学、印刷文学到改编为影视剧、戏曲，都深受广大读者、观众的好评。

几十年前，侗寨里的娱乐方式还不像现在这样丰富。正月间或是侗族的传统节日里，男女老少最期待的就是看侗戏了。每当《珠郎娘美》这出戏演出时，在戏台前的空地上，大家早早地放上小板凳，等候演出开始，去晚了就只能站着挤在人群中了。

那时，还未成年的梁华志也在其中，他为戏中角色的爱情故事所感动，为演员老师的精彩演出而鼓掌。梁华志也攒着一股劲，暗暗下定决心，有一天自己也

第一编　人物专访

在梁华志珍藏的歌本里，笔者无意间看到了这张他年轻时扮演珠郎的"帅照"，仿佛看到他与珠郎跨越时空的对视

要站上戏台演出。

"梁本珍老师在1957年的时候就带领《珠郎娘美》女声叙事歌班，代表侗族到北京参加'全国第二届民间音乐舞蹈会演大会'，《珠郎娘美》第一次在国家级舞台亮相，侗歌从此走出大山，登上了大雅之堂。"说起自己的老师，梁华志充满了敬意。

十八岁，梁华志成年了，有了自己选择人生方向的机会。他来到村里老戏师梁本珍的家中，希望老师能把《珠郎娘美》的戏本传给他，学成之后再把这部经典的侗戏传唱给更多的人听。

梁华志在唱侗戏方面有一定的天赋，加之自小受到熏陶，他在老戏师梁本珍的指导下，与梁绍绪、梁炳文等人一起专业学起了侗戏《珠郎娘美》，开启了自己的漫漫侗戏人生路。

每一个身段，每一句唱腔，都需要反复琢磨。要把作品中的人物演活，还得真正读懂戏中的故事。

梁华志找出《珠郎娘美》的老戏本，给记者讲起了这个故事。据了解，该戏是根据清朝乾隆年间贵州从江和榕江两地的真实爱情故事改编，讲述的是主人公

使命在肩——我和我的水连

珠郎和娘美为争取婚姻自由而双双远离家乡，后又遭恶霸残害的凄美故事。《珠郎娘美》是侗族文化宝库中一笔珍贵的遗产。

1971年，经过一个月的排练，梁华志与侗戏班的其他演员们登上了戏台。穿上戏服，扮上相，专业的唱腔一开嗓，梁华志扮演的珠郎让大家眼前一亮。这也让他在此后的20年时间里，成了侗寨里的"最佳男主角"。

农忙的时候在家务农，闲暇的时候与戏班的伙伴们一起排练侗戏，梁华志慢慢有了名声，越来越多外村、外县、外省的人请他去演出。

"有一次我们戏班受邀去广西演出，《珠郎娘美》这出戏我们唱了两天，观众很热情，我们大家很兴奋，一点儿也不觉得累。"去年，梁华志突发脑梗，如今行动、说话都有些不便，但是说起那些年演出的往事，梁华志语气坚定，眼神里绽放着光彩。

"年纪大了，没有人爱看我这个老家伙表演了。"为了培养新人传承侗戏《珠

梁华志带着笔者一起在村里转了一圈，看了他们表演的戏台，坐在风雨桥长廊上，他一笔一笔在纸上写着注释，想让我们把《珠郎娘美》的故事都看懂

记者一行受邀走进梁华志的家中，听他讲述他与《珠郎娘美》的故事

郎娘美》，梁华志在四十岁的时候退居幕后。此后，无论是当侗戏比赛的评委，还是侗戏戏班的组织者，梁华志都以传承人的身份，为《珠郎娘美》的传播发展尽着自己的责任。

梁华志告诉记者，他的家就是《珠郎娘美》传习所，几十年来他教授的徒弟已有三十多人。作为传承人，梁华志还义务去村小学教孩子们唱侗戏。"我希望现在的年轻人也能感受到《珠郎娘美》的魅力。"

2019年6月21—22日，由从江县民族艺术团创作编排的侗戏《珠郎娘美》在北京评剧大剧院精彩上演，随着音乐的响起，观众仿佛被带到了珠郎与娘美行歌坐月、相约私奔、他乡遇害等现场，一段段跌宕起伏的剧情和演员们精彩的表演，向观众朋友们展现了侗族优秀的传统民族文化。

《珠郎娘美》经历了如梁华志等十几代民间艺人的辛勤耕耘，才得以不断完善而传承下来，成为一支永远也唱不完的赞歌、一场永远也演不完的文化盛宴。

使命在肩——我和我的非遗

刘礼洪：飞歌到山外

王佳丽

人物名片

刘礼洪，男，苗族，1960年出生于剑河，系苗族飞歌省级传承人。因为对苗族飞歌的喜爱，刘礼洪从小就主动拜师学艺，自学乐理知识，尝试以简谱方式将飞歌收集记录下来，并将飞歌搬上舞台。由他编创的飞歌《春天的时光》一路唱到北京青歌赛决赛现场，让飞歌飞到了山外。

采访时，刘礼洪纵论苗族飞歌音乐、民俗、历史及语言研究价值，令记者深受启发

在刘礼洪等人联合创办的培训班里，每年都有中小学生及民歌爱好者慕名前来学习[图为刘礼洪（中间站立者）在传授苗族飞歌]

2020年8月25日，正午阳光猛烈，剑河县革东镇革东村突然安静下来，村里的传习所飞来一阵阵歌声："亚奶板不，亚奶养男秀由（苗语，意为：趁花开叶茂，趁时光游玩）……"

走进二层小楼里的传习所，十来个学员围坐在一起，学习着苗族飞歌《春天的时光》。他们年纪大的30岁左右，小的仅10岁出头，剑河县国家级非物质文化遗产代表作名录传承人刘礼洪和徒弟张晓梅在中间指导着，纠正发音、唱腔……一点儿也容不得马虎。

"这个飞歌培训班于2012年开班，每年对中小学生及民歌爱好者进行培训，由省、州、县三级传承人担任授课老师，开展传承活动。"刘礼洪介绍，今年因为疫情的原因，一直到8月份才开始第一期，第一期便有45个人报名，只能分批进行培训。

苗族飞歌是苗族歌曲的一种，流行于贵州台江、剑河、凯里等地。飞歌的音调高亢嘹亮，唱时声震山谷，有强烈的感染力。飞歌，多用在喜庆、迎送等大众场合，见物即兴，现编现唱。歌词内容以颂扬、感谢一类为主，在过苗年、划龙舟等节日喜庆活动中，一般要唱飞歌。

15岁时，刘礼洪找到家族中的哥哥学习苗族飞歌，学歌只能晚饭后到山上秘密进行。在刘礼洪的青春时代记忆里，苗族飞歌几乎到了濒临失传的境地。

因为喜好，1983年刘礼洪在加入县里的民族文化宣传队后，开始学习乐理知识，并试图通过简谱将飞歌记录下来。由于苗族是一个无文字的民族，飞歌的起源时间已无从考证。其演唱的内容主要根据不同的活动来确定，如田间劳作、结婚、嫁女、生子、起房造屋、谈情说爱、过年过节、走亲访友等，飞歌是苗族生活与习俗的一个重要载体。为了让飞歌承载的文化得到更好的保留和传承，刘礼洪开始了"汉化"歌曲内容的尝试，试图用汉语对歌词进行翻译、记录。

1985年，刘礼洪第一次以宣讲政策的方式，将苗族飞歌搬上舞台，在县城进行演出和宣传，受到群众的欢迎。从此大家不再害羞，大胆地学唱起苗族飞歌，刘礼洪的徒弟也越来越多。

最令刘礼洪自豪的是，2008年，他教授的6名飞歌歌手，以全省代表队革东飞歌组合的身份，唱着他编写的歌曲《春天的时光》亮相北京青歌赛决赛现场。当时的6名选手后来大多有了很好的发展，而刘礼洪认为唱得最好的张晓梅则选择留在村里，继续传唱飞歌，如今她已经是县里的非遗传承人。

"革东苗族飞歌的歌词，每一首一般在三十句左右，一首歌中，常有三字句、五字句、七字句、八字句等。曲调的节拍、长短和快慢都有大致的格式，刘礼洪老师最厉害的地方就是可以把每一首最经典、最好听的曲调编写到一起，创造出一首新歌。"张晓梅认为，选择留在村里是因为当下有政策的支持，自己可以像老师一样，将飞歌传承给下一代。

苗族飞歌对人们的生产生活与音乐创作所产生的影响日渐深远，已成为苗族一种标志性的民族歌种，这充分体现出了苗族飞歌所具有的独特艺术魅力和风格特征。这几年来，通过学习苗族飞歌，当地不少学生考上了北京、贵阳等地的艺术院校。

近些年，由于受到流行音乐的影响，喜爱传统飞歌的年轻人越来越少。"其中男声十分稀缺。"所以，只要遇见好苗子，刘礼洪就会主动上门收徒，往往去上几次，对方就会被飞歌的魅力打动。

"我热爱苗族飞歌,并且把唱好飞歌、发扬飞歌作为自己的毕生追求。"作为传承人,刘礼洪表示,苗族飞歌在音乐、民俗、历史及语言等方面都具有一定的研究价值,当前市面上还没有一本从这些方面研究苗族飞歌的书籍,他希望自己能编写出来,竭尽所能发扬飞歌艺术。

使命在肩——我和我的非遗

刘毅：新化"狮王"的追梦人生

康 莉

人物名片

刘毅，苗族，锦屏县新化乡新化所村人，新化舞狮州级非物质文化遗产代表性传承人。刘毅16岁开始参与并组织新化舞狮表演活动，通过不断地挖掘、创新，使新化舞狮更具观赏性；通过开展舞狮文化进校园活动，培养了一大批舞狮的青少年。

舞狮是我国古老的民间艺术，传统的舞狮表演则寄托着民众消灾除害、求吉纳福的美好意愿，每逢佳节或集会庆典，都少不了精彩的舞狮表演。

1987年的春节，新化所村的舞狮队开始了新一年的巡村拜屋。每到一栋房子前，"狮子"都会摇头摆尾威武地表演一番，为屋子里的人带来吉祥、平安。一个身穿黄色衣服的男孩早早地等在了门口，燃放鞭炮，迎接"狮子"，一旁的大人则恭敬而庄严地给舞狮人送上"红包"。

"照片里这个穿黄色衣服的男孩就是我，那一年我16岁，开始正式表演新化舞狮。"2020年10月9日，记者一行来到锦屏县新化乡新化所村，新化舞狮州级非物质文化遗产代表性传承人刘毅打开手机里珍藏的一张照片，与我们谈起了他学习、传承新化舞狮之路。

新化舞狮属北派舞狮，以表演"武狮"为主，由双人共舞，一人站立装扮狮头，一人弯腰装扮狮身和狮尾。舞狮人全身披包狮被，下穿和狮身相同毛色的狮裤和金爪蹄靴，人们无法辨认舞狮人的形体，因它的外形和真狮极为相似。

"好奇嘛，想一探究竟！"说起学习新化舞狮的初衷，刘毅回忆起自己12岁时，因想弄明白舞狮道具里舞狮人是怎么做出各种酷炫、高难度的动作，从而开始了"偷师学艺"的过程。

在那时,舞狮技艺还是传内不传外的。刘毅只能每天躲在一边,偷偷看着舞狮人排练。虽然经常被舞狮人发现并赶跑,刘毅还是坚持厚着脸皮继续"偷师"。狮子旋脚、抢登高楼等舞狮技巧,刘毅就是通过"偷师"慢慢掌握的。

1986年的冬天,15岁的刘毅像往常一样偷偷跟随着村里的舞狮人一起去外村看他们表演。

伴随着咚咚锵锵的锣鼓声,精彩的舞狮表演赢得了乡亲们的阵阵掌声。"再来一个,再来一个……"乡亲们拍手叫好的同时,舞狮时间一再加长,给舞狮人的体力带来了不小的挑战。

"小孩,你上!"为了不扫乡亲们的兴,舞狮人指着人群中的刘毅,让他加入舞狮的队伍。

刘毅与学生一起表演舞狮,表演结束后大家一起拍下了这张合影

使命在肩——我和我的㕛遗

在传习所外的一整面墙上，张贴了满满的舞狮图片与文字介绍，刘毅（左一）带着笔者边看边讲解

"我当时都蒙了，梦想成真了！"初生牛犊不怕虎，几年的"偷师学艺"在这一刻变成了"成果展示"。刘毅在场上稳定发挥，得到了舞狮人与乡亲们的充分肯定。

原来，舞狮人被刘毅执着的精神打动，从此，刘毅开始了正规的新化舞狮训练。"老一辈的舞狮人年龄大了，那时学习新化舞狮的年轻人又不多，为了把舞狮传承下去，他们就开始教我。"

1995年，学艺十年的刘毅开始自己组建舞狮队，成了一名真正的新化舞狮人。

为了增加新化舞狮的观赏性，刘毅不断改进、创新，逐渐增加了一些新的舞狮动作，如抢宝、互推、理毛、吐对联、狮子直立打滚等。

2006年，刘毅带领新化舞狮队参加黔东南州建州50周年庆典演出，精彩绝伦的表演让与会的数万观众连连称赞，从此新化舞狮声名鹊起。

2007年，新化舞狮被列为省级非物质文化遗产保护项目，同年，新化乡被贵州省文化厅授予"舞狮文化艺术之乡"的称号。

"我想通过舞狮，让大家感受到团结友爱、敢于创新和不服输的坚强意志。"刘毅告诉记者，曾经有一段时期，学习舞狮的人越来越少，观众对舞狮的喜爱度也降低了，他通过反复分析思考，觉得主要原因在于很多人无法感受到舞狮的内在精神。

看着省级非物质文化遗产保护项目的牌匾，刘毅的眼眶有些湿润，心中有些失落但又不甘。

新化舞狮曾经的热闹、辉煌，在这一刻黯淡下来，这对刘毅来说有些猝不及防。

队伍不稳定，人员青黄不接……这些现实的问题摆在刘毅面前，让作为传承人的他再也坐不住了。

2008年开始，刘毅将新化舞狮引进新化中学、小学。此后的十余年间，新化乡辖区内的多所学校都开设了以"新化舞狮非遗文化进校园"为主题的特色课程，通过非遗传承人授课、教授舞狮技艺等多种形式，让学生们在快乐中体验传统非遗文化精神，增强文化自信。

"青年人大都在外打工，把舞狮引入校园传授给中小学生比传授于青年效果会好一些。因为他们正处于学习阶段，学舞狮可以丰富他们对非遗的了解。"刘毅介绍。

经过多年努力推广，刘毅已培养出400多名掌握新化舞狮技艺的学生，他们多次组队参加省、州、县、乡的演出，获得过多项奖励。

2015年，在村里担任副支书的刘毅为了宣传新化舞狮文化、发展乡村旅游，提议举办新化乡舞狮文化艺术节。

乡、村一拍即合，积极组织舞狮队训练，精心筹备各种特色节目。此后，每年的新化乡舞狮文化艺术节，都吸引了大批游客前去参观，极大地提高了知名度。

每年锦屏县的春节晚会、凯里下司古镇的元宵节系列活动等，都会邀请刘毅带领新化舞狮队去表演。

"观众每次看到我们都很热情，来跟我们合影，有的还留下我们的联系方式，请我们去演出。"谈起这些事，刘毅显得格外自豪。

使命在肩——我和我的小 者

在外演出的机会多了,新化舞狮的知名度打开了,刘毅却又犯了难。

原来,现在新化舞狮队有固定成员四十余人,只有在寒暑假和正月间,队员才能比较集中。"不是假期的话,学生要上课,青年人要去工作,很多演出我都接不了。"刘毅感到无奈。

下一步,他打算成立一个以舞狮文化为主的演艺公司,让演员真正留下来,让新化舞狮的队伍继续壮大。

当然,作为非遗传承人,刘毅肩负的不仅仅是传授技艺的责任,更重要的是把舞狮人坚毅的精神及其文化精髓传承下去,影响更多与他一样有追求的年轻一代。

龙安定：传统文化的舞龙人

王佳丽

人物名片

龙安定，男，侗族，1944年9月出生，天柱县高酿镇老海村人，文武龙项目州级代表性传承人。文武龙起源于明末清初，历经七代传承至龙安定。龙安定于1966年开始拜师学艺，游寨舞龙闹新春。几十年来，龙安定不断组织春节期间的耍龙活动，到周边村寨拜年扫寨、吃龙宝，驱灾辟邪，祈求苍天保佑老百姓身体健康、六畜兴旺、发财致富，为丰富人民群众精神文化生活注入了活力。

在天柱县，每到过年，各个乡镇都有耍龙的，但是只要有人提起文武龙，尤其是在老一辈之间，龙安定则是代表性人物。不仅如此，龙安定更是被列入非物质文化遗产传承人名录。

已经76岁的龙安定有点驼背，可身体依旧硬朗，双目有神。龙安定说，他从小就热爱舞龙表演。在他的印象中，儿时逢年过节，伴随着铿锵有力的锣鼓声，村寨里总会有多支舞龙队走街串巷进行表演，吸引无数群众前来围观。那个时刻，也是年纪尚小的龙安定最快乐的时刻，他几乎追着表演队走完大街小巷。"人们是以这种传统的方式欢度节日，祈盼来年风调雨顺、国泰民安。"说起文武龙，龙安定感慨万千。

天柱县有文武龙队伍80余支，分布于远口、凤城、社学、邦洞、高酿、石洞、渡马、蓝田等乡镇（街道）各村寨。天柱文武龙起源于明末清初，距今已有数百年历史。据传当时正逢战乱，大量难民逃往湖南和贵州，其中一些难民逃入天柱并定居下来。他们饱经战乱之苦、背井离乡之痛，为了安居乐业，祈求苍天保佑天下太平以及家人健康平安，于是在农历腊月农闲时，组织寨上的能工巧匠

使命在肩——我和我的 non-heritage

龙安定一生乐于耍龙，几十年来坚持组织春节期间的耍龙活动，丰富人民群众精神文化生活

和青壮年一起来编扎龙并进行耍龙操练，以便在次年正月初一至十五进行游寨耍龙活动，天柱文武龙由此沿袭至今。

据龙安定介绍，他是从1966年左右开始学习舞龙的，"那时候就靠跟着师父到处走，到处耍龙，才学得一身舞龙本领。"龙安定从小跟着戏班子里的师父学，学不好会被打，有时候没有时间吃饭，就自己带一两个玉米去解决。

"先从制作学起。"文武龙制作较为简单：用红四色粗布手篾编扎成龙王形象的头，用彩纸糊上，用麻做成龙须，用一木把作柄；龙身用棕绳当作龙筋，把相距一米之间的木把串连起来，与龙头连接，并附盖龙衣；龙尾用竹篾彩纸及木把编扎而成，与龙身相连；龙宝也是用竹篾和彩纸做成的。

文武龙习俗将武术与民间文学并举，堪称"能文能武"。文方面有一系列的祭祀仪式和若干吉利唱词；武方面有打拳、扫棍棒、打铁尺、打铜、打镗、扫场棍等。吉利唱词内容丰富，唱法优美；舞龙动作挥洒自如，符合传统体育规则。而龙安定主要负责扛龙宝、唱贺词。贺词需要根据家庭情况自由发挥，七字一句或五字一句，十分考验个人的功底。

"文武龙在大年初一开始游耍。先从自己的寨上耍起，再到别的村寨进行，每到一村寨，先下帖子，寨上放铁炮迎接，耍完后，龙队则在村寨上坪地进行武

天柱文武龙表演

术表演，主人家放鞭炮、铁炮、吹唢呐接龙、送龙，十分隆重。"回忆往昔，龙安定又来了精神。

如今随着社会的发展，文武龙也面临着许多无法回避的问题，龙安定也舞不动龙了，"但是我会尽自己最大的努力，让文武龙这项传统文化传承下去。"龙安定介绍，以前文武龙只传男不传女，现在他也收了女徒弟，儿子和侄子也都学会了耍龙。非遗项目的生命力在于传承，现在，龙安定把文武龙的一套行头都传给了下一代，希望文武龙代代相传。

使命在肩——我和我的非遗

龙禄颖：让城市读懂大山

王佳丽

人物名片

龙禄颖，女，苗族，1968年生，施秉县人。作为州级苗族刺绣非遗传承人，龙禄颖依托自己的苗绣技艺和施秉县深蕴的苗绣资源，成立了潕水云台旅游商品开发有限公司，以"传承民族文化，带动妇女就业"为理念，带动了当地广大绣娘脱贫致富，打造了与外界交流的窗口，也让城市读懂了大山。

坐在自己精美的绣品前，龙禄颖透出满脸自豪

组织绣娘集中培训、集中生产，带动她们脱贫致富，是龙禄颖从未忘记的责任［图为龙禄颖（右一）在指导年轻绣娘］

在距离施秉县城约5千米的桃子湾工业园区，坐落着州级苗族刺绣传承人龙禄颖的潕水云台民族工艺品就业扶贫工坊。走进工坊，便听到织布机的梭子来回穿梭的声音，那些绣娘制作的绣品和民族手工艺品，从工坊产出，销往世界各地。

"'潕水云台'这个名字取自施秉县的潕阳河和云台山，寓意依山傍水，发展家乡民族文化，让大家共同富裕。"龙禄颖介绍，从最开始的8人小作坊到如今带动上千人就业增收，龙禄颖把对自己民族文化的热爱、带领乡亲脱贫致富的决心都融在了"潕水云台"里。

龙禄颖出生于施秉县双井镇龙塘村，大山之中，交通不便，经济困难。初中毕业后，龙禄颖选择去广东打工。"那时候，为了多赚一点钱，吃饭都是边走边吃，从食堂走到厂房也就吃完了饭，又开始工作。"经过十几年的打拼，龙禄颖攒下了一笔钱。此时的她虽早已在广州成家立业，却一心想回家创业。

使命在肩——我和我的小康

"做过养殖场，也开过副食批发店、招待所，但都不尽如人意。"龙禄颖说，"当时就想，自己从小就学刺绣，比较懂这门手艺，做这个应该有出路。"龙禄颖从小跟着妈妈学习苗绣技艺，纱绣、双面绣、打籽绣、平绣、破线绣等绣法，龙禄颖都熟悉，且对前三种绣法尤其擅长。

龙禄颖带领几个姐妹开始生产加工苗族刺绣制品。2006年4月，经过长时间的准备，贵州施秉旅游产品开发有限公司（现在公司的前称）正式挂牌成立。她们从刺绣领带做起，后来增加到披巾、衣服，因产品花色好、品质高、种类多，在施秉旅游业的带动下，销售量大增。为了使公司发展得更加壮大，龙禄颖于2011年8月变更注册资金，成立了贵州潕水云台旅游商品开发有限公司。

如今，潕水云台公司已成为集刺绣生产、销售、研发、培训、非物质文化遗产传承、旅游观光策划等为一体的民族品牌省级扶贫龙头企业。作为非遗传承人，龙禄颖没有忘记自己的责任。她组织绣娘集中培训、集中生产，带动她们脱贫致富。

"以前在县城周边打零工，有一天算一天，现在在这里上班，工作算稳定了。"离家近、能照顾刚上小学的孩子读书，这对于家住小河村的贫困户杨惠来说，是最好不过的了。

在潕水云台公司的带领下，越来越多像杨惠一样的苗族妇女在家门口过上了"绣着花、带着娃、挣着钱"的新生活。

而对于龙禄颖来说，这远远不够。早在2016年，潕水云台公司便成立了民族工艺品设计中心，设计团队由海外归国设计师作为设计总监、省内外高校毕业生作为设计新生力量，致力于打造民族文化创意品牌，运用设计与创新为民族产业创造更多价值。

"这款钥匙包的设计灵感来源于贵州省世界自然遗产地云台山与潕阳河，用山水与苗族的'非遗'技艺相结合，加入现代设计的美学与工艺，不光把贵州的'非遗'带到全国，也让贵州的山水走进世界人民的视野中。"潕水云台公司设计师谭文韬说。从国际平台到深山苗乡，对有着八年米兰设计界从业经验的设计师谭文韬来说是从未想过的，多彩的民族文化是谭文韬留下来的原因。

苗族刺绣具有传承历史文化的作用，主要表现在刺绣的图案上。几乎每一个刺绣图案纹样都有一个来历或传说，都深含民族的文化，都是民族情感的表达，都是苗族历史与生活的展示。蝴蝶、龙、飞鸟、鱼、圆点花、浮萍等图案都是苗族古歌传唱的内容，这些图案色彩鲜艳，构图明朗，朴实大方。

为了让城市读懂大山，龙禄颖在民族特色上下足了功夫。她坚持传统工艺与现代时尚相结合的手工制作方式，打造出"蝴蝶妈妈"品牌的领带、围巾、披巾、苗族时装、壁挂绣片、民间风俗画等手工苗绣文化系列产品。

经过十多年发展，溯水云台公司从承接订单到筹划自主品牌，成功注册了"蝴蝶妈妈"及"溯水云台"两个商标，共有34个刺绣产品获得了国家外观设计专利。这在传承民族文化的同时，也推动了民族创新、经济发展、群众脱贫。

使命在肩——我和我的非遗

欧定清：在我心里侗戏最重要

康 莉

人物名片

欧定清，侗族，黎平县口江乡朝坪村人，侗戏州级非物质文化遗产代表性传承人。欧定清不仅熟悉侗族大歌、侗歌、牛腿琴歌、河歌、侗戏，而且能自编自演侗戏和设计侗戏一些片段的新唱腔。到目前为止，他带过侗戏班30个，学员300余人，成功排演了《扶贫干部》等22出侗戏。

2021年5月24日，记者来到黎平县城，见到侗戏州级非物质文化遗产代表性传承人欧定清时，他正打电话商量排戏的事。

说到欧定清为戏痴狂的事，他的妻子在一旁忍不住跟记者吐槽起来："到了农忙时节，都是我一个人在田里做活，他就坐在一边写戏，帮不上忙，让我生气得很。"面对妻子的"控诉"，欧定清笑着说："我当时灵感来了，心里只想着赶紧把戏写好，根本顾不上其他的事了，你要理解我。"

写戏耽误做活，写戏忘记吃饭，排戏排个通宵……这些都是"戏痴"欧定清的日常。

"一出好戏的标准，首先要有韵，然后还得通俗易懂、富有哲理。有时候为了达到一韵到底的效果，我想词都得想三天。"说着，欧定清拿出了几十本他创作的侗戏本子。

《卖猪肉》《一包香烟》《扶贫干部》……记者一本一本翻看着，发现这些侗戏充满了生活气息，讲述的都是老百姓身边发生的故事，剧情冲突性强，人物个性鲜明，都是很生动的百姓身边故事。

"为什么这么热爱侗戏呢？"记者问欧定清，他想了想笑着说："因为做这件

穿上戏服，欧定清笑着说："哎呀，胖了。"但戏剧来源于生活，人生每个年龄阶段的状态都能带来不一样的创作灵感

事的时候，我很快乐。"

从小欧定清就喜欢听村里的大人唱侗戏，可是那时没有人愿意教他。没有人教，他就想办法自学。我按一毛钱一本，把戏本借来看，学习作词韵脚。"就这样，欧定清自学创作侗戏，慢慢走上了正轨。

编、导、演、策划、舞台设计、服装道具，欧定清一个人包揽了整个侗戏队里所有的活儿，成了侗戏全才。当然还有最重要的事——教徒弟。

"我是毫无保留地教，我本身是一个对侗戏充满激情的人，我希望我能感染到学生。"欧定清说。

"其实，现在年轻人对学习侗戏的热情是逐渐减少的。这种现象，你怎么看呢？"面对记者的疑问，欧定清坚定地说："戏剧源于生活，我要做的就是写出更多贴近生活的戏本，同时让侗戏更富有观赏性，带他们走进侗戏的世界。"

女儿欧美霞就是在父亲的感染下，迷上了侗戏。"我是父亲最忠实的'粉丝'！"欧美霞告诉记者，从小学三年级开始她就跟着父亲的戏班唱戏，有什么适合的角色，父亲都会让她参与表演。现在，欧美霞已经成了父亲戏班里的一员大将。

使命在肩——我和我的水道

欧定清拿出自己创作的一本本戏本与笔者分享，这一路不时有风雨交加，但创作就像阳光一直照亮着他前行

欧定清不仅会创作侗戏，还会表演。八十年代初，附近村寨都会邀请欧定清去讲课，教大家表演侗戏。"当时，蒲洞村就喊我去给他们讲戏，那时村里穷得很，我去教了他们一个月，住的房子都是透风的。"欧定清说，"2016年，再次去到蒲洞村时，看到蒲洞村翻天覆地的变化，我就立马写了个《家乡变化》，介绍蒲洞村从一类贫困村一跃成为脱贫攻坚示范村的故事，歌颂国家精准扶贫的好政策。"

交谈中，欧定清始终微笑着，他告诉记者："都说我们唱戏的人傻傻的，又哭又笑。只有我们自己知道，在戏剧的世界里，只有简单的快乐，这种感觉很踏实。"

一生为戏痴，老欧的侗戏世界还在不断丰富。

潘光雕：我的心和水书捆在一起

王佳丽

人物名片

潘光雕，男，水族，1950年生，省级非遗项目水书习俗代表性传承人。水书与汉字大不相同，很多水族文字书写起来很复杂，也很难记。潘光雕年少时和家中长辈学习水书，十分勤奋，随后又不遗余力将水族文字教授给村里的孩童，推动水书习俗申遗工作和水族文化进校园活动，他的一颗心永远和水书捆在一起。

潘光雕（中）和徒弟给记者讲述传承水书的故事，寄望青年一代自觉参与到水书的宣传保护工作中

使命在肩——我和我的 水 书

水书是一种类似甲骨文和金文的古老文字符号，被誉为象形文字"活化石"

初春的榕江，细雨夹杂着油菜花香氤氲在大山梁上，村口的两排水书文字，说明我们已经到了三江乡故衣村，这里是水书先生潘光雕的家乡。

水书是水族的独特文字，是一种类似甲骨文和金文的古老文字符号，记载了水族的天文、地理、宗教、民俗、伦理、哲学等文化信息，被誉为象形文字"活化石"。水书是靠民间的水书先生一代代传承下来的。水书先生是那些能看懂水书的人，亦被称为"师"或"师人"。可以说，每位水书先生都是水族文化的一座"活宝库"。

2006年，水书被列入第一批国家级非物质文化遗产名录。次年，潘光雕被贵州省文化厅评为省级非遗项目水书习俗代表性传承人。

"至今已经有52个年头了。"潘光雕年事虽高，但提到自己学习水书的经历仍精神矍铄。由于家庭经济困难，13岁时，潘光雕就被迫辍学回家务农。20岁那年，村里的水书先生潘家和、潘家喜看中潘光雕，认为他聪颖、有慧根，要将水书传承的重担交给他。

"刚开始看水书,一个字都不认识,我一点儿兴趣都没有。"潘光雕说,"那时候,大伯(潘家和)和二伯(潘家喜)要我学水书,说真的,心里郁闷。"

后来,潘家和、潘家喜两位老先生又招来寨上与潘光雕同龄的几个年轻人一起学习。大伙儿互相鼓劲,都很努力,潘光雕终于开启了漫长的水书学习之路。

水书与汉字大不相同,很多水族文字书写起来很复杂,也很难记。因为家中贫困,潘光雕和伙伴们用炭灰当粉笔,在家中的楼板、牛圈的板壁上书写。有空时,大家在一起就像小学生一样,一个念,一个听写,慢慢把水书记下来。

在生活窘困的年代,在先生的精心指导下,潘光雕一边劳动一边认真钻研水书。"成家后,和我一起学水书的伙伴都出去打工或做其他事了,只有我坚持下来。"潘光雕说,"水书成了我生命中不可或缺的一部分。"随着学习的深入,潘光雕对水书知识的积累也越来越多。

十几年前,潘光雕收了大徒弟潘明焕跟随自己学习水书。一次,潘明焕跟师父说,村里有很多人知晓水书,但县里领导并不十分了解水族深厚的文化,应该找机会到文化部门,申请将水书习俗列为文化项目,以便更好地传承。

2004年,潘光雕找到榕江县文化部门申报水书习俗项目,引起了相关负责人的重视。经过层层筛选推荐,2007年10月,潘光雕被贵州省文化厅评为省级非遗项目水书习俗代表性传承人,这使他传承水书有了更大的空间。于是,潘光雕开始利用农闲时间在家里办学堂,让原本神秘的水书走上了传播之路。

"现在跟我学水书的有百余人,可认真钻研的不过20人,学得精的就更少了。"潘光雕说,"年轻人学水书不钻研,我认为有两个原因:一是水书比较深奥,难学;二是他们对水书的重要性认识不够。"让潘光雕欣慰的是,这些年来,一些水族文化学者和大学生相继来到他家,了解水书的情况。在他看来,这是水书越来越受重视的表现。

这些都离不开像潘光雕这样的水书先生的努力,他们既是水书文献的传承者,又是水族文化的释读者。传承的目的是让青年一代在懂水书、会用水书的同时,能够自觉地参与到水书的宣传保护中,并将水书文化传播出去,使之成为家乡文化的名片。

"传授水书虽然很艰难,但我的心和水书捆在一起,我愿意将所有的精力都投入水书传承的工作中去,这也是两位伯父要我学习水书的初衷。"潘光雕用大半生时间,全身心投入水书习俗的社会实践、翻译、研究和传承工作中。

使命在肩——我和我的水道

潘广礼：水书永流传

王佳丽

人物名片

潘广礼，1941年出生于丹寨县龙泉镇高寨村的水书世家。他的父亲潘世文、祖父潘中赛、曾祖父潘柱赛都是当地比较有名的水书师，那时来找他们办事或者请他们传授水书的人不少。在这样的家庭环境中，潘广礼自幼浸润在水书文化当中，能随口诵读水书启蒙读本《正七卷》的一些章节。他正式开始学习水书是在21岁时（1962年），并在随后的时间里，将这些水书文化进行教授、传承。2007年，潘广礼被评定为省级非物质文化遗产项目水书习俗代表性传承人。

在中国56个民族中，有17个民族有自己传统的文字，水书即为其中一种。水书是水族古文字、水族书籍的统称。它是一种与甲骨文和金文同源异种的古老文字符号，是世界上除汉字、东巴文之外又一存活至今的象形文字，被誉为"象形文字活化石"，是水族历史文化的重要组成部分。绝大多数水族人不懂水书，懂水书文化的人被尊称为"水书先生"。

水书或许并不那么神秘——在丹寨县见到潘广礼后，笔者更愿意相信这是水族人民生活中平常的一部分。

今年77岁的潘广礼声音洪亮，精神抖擞，会说苗语、水话和汉话。尽管他和儿子已经搬到县城居住，但是在他们的家中还保留着很多珍贵的水书读物。

翻动书页，一个个水族文字呈现在泛黄的纸张上，每一个都"遗世独立"，但连接起来又仿佛在诉说神秘的故事。潘广礼介绍，水族语言称这类读物为"泐睢"。它们主要用来记载水族的天文、地理、宗教、民俗、伦理、哲学等文化信息。

尽管年事已高，为了水族文化的宣传和传承，潘广礼仍时常接待来访的媒体记者和学者（图为潘广礼展示自己的成果）

即便出生在水书世家，潘广礼学会认识和书写这些水族文字也花费了不少工夫。

水族古文字的结构大致有以下三种类型：一是象形字，有的字类似甲骨文、金文；二是仿汉字，即汉字的仿写、倒写或改变汉字形体的写法；三是宗教文字，即水族原始宗教的各种密码符号。书写形式从右到左直行书写，无标点符号。水族古文字的载体主要有：口传、纸张手抄、刺绣、雕刻、陶瓷煅造等。水书主要靠手抄、口传流传。水书的结构多为象形，主要以花、鸟、虫、鱼等自然界中的事物以及一些图腾为原型，现仍保留着远古文明的信息。

"掌握水书不仅仅是认识文字，还要会计算、会分析，结婚看婚期是一本书，立房子是一本书，丧事出殡是一本书……每一本的用途不一样，有些还要综合起来一起算。"潘广礼说，水书是水族古代社会的百科全书，水族民间的婚丧嫁娶、起房造屋、季节时令、生产劳动、生活出行等都与水书密切相关。水族历史发展进程中的各个方面，无不打上水书的烙印，形成了历史悠久、源远流长的水书文化。

潘广礼爱研究，精通水书，高寨村村民家中有什么大事都要请他翻一翻

使命在肩——我和我的水族

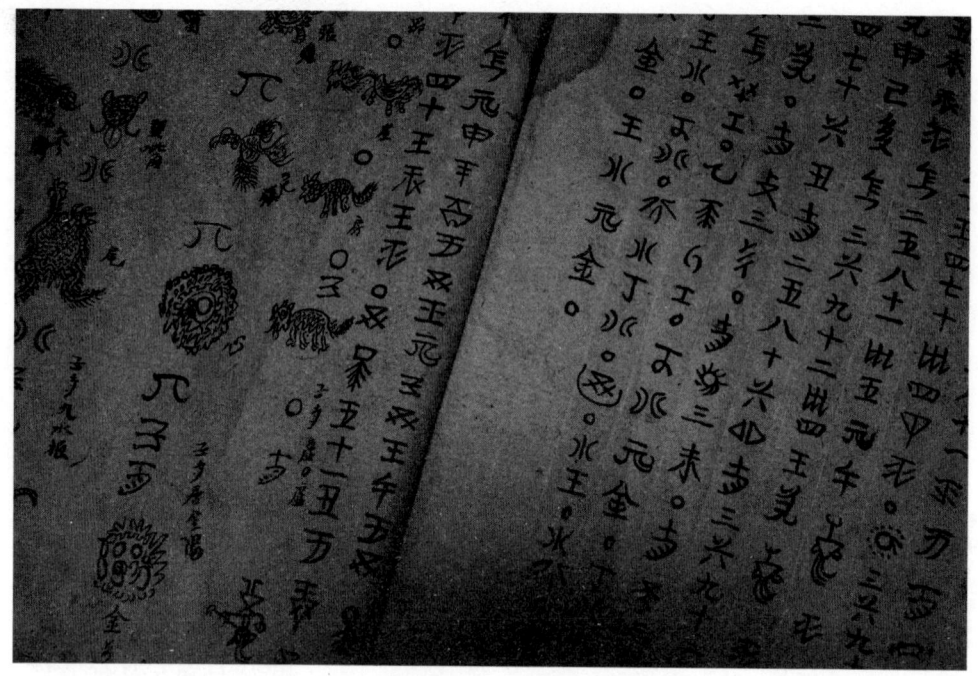

水族古文字的结构多为象形，主要以花、鸟、虫、鱼等自然界中的事物以及一些图腾为原型，保留着远古文明的信息

水书。

1976年，高寨村新建了村小，潘广礼成为村里唯一的教书先生，后来到村小上课的学生越来越多，学校又招了几名老师，潘广礼便成了校长。直到58岁时，潘广礼光荣退休。2016年，因从事乡村教育工作三十余年，为乡村教育发展做出了积极贡献，潘广礼获得了教育部、人力资源和社会保障部共同颁发的荣誉证书。

退休后，潘广礼继续研究水书和水族文化。对水书习俗研究有很深造诣的潘广礼，是目前少有的能够识读疑难字较多的水书《贪巨》的几位水书先生之一。

水书由"硬件"及"软件"有机组合而成。水书"硬件"指用水文字著编的水书文本典籍；水书"软件"指保留在水书先生头脑中的、靠口头传承的大量相关内容，以及诸多活态传承的相关民俗事项。由于水文字属未成熟文字，滞后于语言发展，水书难以独立运用，必须依赖其持有者的传校、解读、释疑，因此国务院评定水书习俗为首批非物质文化遗产,潘广礼为水书习俗传承人。

为了水书文化后继有人,潘广礼把这门技艺教给了自己的大儿子潘皇伟。如今,潘皇伟已成为村里有名的水书先生。

尽管年事已高,为了水族文化的宣传和传承,潘广礼还是时常接待来访的媒体和学者。他表示,在今后的人生里,希望能整理出更多与水书有关的东西,保留下来,流传下去。

使命在肩——我和我的水道

潘盛席：把踩鼓舞跳到了首都

康 莉

人物名片

潘盛席，苗族，镇远县金堡乡爱河村人，苗族踩鼓舞省级非物质文化遗产代表性传承人。1964年，爱河踩鼓舞入选贵州文艺队，潘盛席与村里的其他四名队员一起参加全国首届少数民族文艺会演，荣获一等奖，受到毛泽东主席等国家领导人接见。多年来，潘盛席在苗族踩鼓舞的传承和发展工作中坚持身体力行，让苗族踩鼓舞被越来越多的人接受并喜爱。

"我们村里人人都会跳踩鼓舞，潘盛席老人家就是我们全村的榜样。"来到爱河村，村支书田茂许一路给记者介绍着爱河村与踩鼓舞的点点滴滴。

参天大树掩映下，炊烟袅袅升起，鸡鸣狗吠声不断，走在爱河村的小道上，仿佛来到了世外桃源。经过蜿蜒的小道，记者一行来到了潘盛席的家中。

一进门，潘盛席就热情地拉着我们坐下，指着墙上说："原来这里贴着我去首都跳踩鼓舞和毛主席的合影，可惜后来被小孩子玩闹扯坏不见了。哎，太可惜！"多年来，潘盛席一直为没有保存好这张珍贵的照片而惋惜。

"第一次登上北京民族文化宫的大舞台表演《丰收舞》（苗族踩鼓舞）时，看着台下正在观看节目的毛主席等国家领导人以及来自全国的观众，我们心情十分激动。当时共有18个省（市、自治区）53个少数民族的700多位代表参加演出，期间共演出舞蹈、曲艺、戏剧等200多个节目，我们的节目非常幸运获得了一等奖。"潘盛席老人如今已经年近八十，说话有些缓慢，但是回忆起去北京跳踩鼓舞的事，她的眼里依然放着光，一生中最珍贵的回忆已经牢牢地刻在了老人脑海中。

第一编　人物专访

苗族踩鼓舞盛况，舞者的每一个转身，都旋转着像潘盛席一样的传承者的守望

"我们村里跳的舞，以为去了首都大家会看不懂，不喜欢，没想到跳完以后，毛主席等国家领导人以及现场观众为我们送上了热烈的掌声。"潘盛席激动地说着，她知道大家通过舞蹈动作看懂了苗族同胞对美好生活的追求。

苗族踩鼓舞的参舞者人数不限，活动时间一般在节日、庆典时，表演场地在室外芦笙场。参舞者身着盛装，以场地中心圆形锣鼓为圆心起舞，在鼓声节律中循反时针方向踏步舞蹈。舞步稳沉而又激越，欢乐奔放，再现了农耕场面，模拟了播种、插秧、薅秧、收割、挑谷入仓等农耕劳动作业。苗族踩鼓舞较好地保存了苗族的人文历史信息，展现了苗族人民传统的精神气质、风格特色。

从北京回来之后的潘盛席，织布、纺纱、田间劳作，生活回归了平静。但她始终心怀踩鼓舞，并将其传授给了更多的人。

"六月六"吃新节是爱河村每年最盛大的节日，跳踩鼓舞就是最重要的节日活动之一。大家身着民族盛装，在宽阔的踩鼓场上，随着激越的鼓声，拉着客人一起翩翩起舞。整个踩鼓场上歌声、笑声、呐喊声响成一片，将苗家人豁达、率真的传统精神气质展现得淋漓尽致。

75

使命在肩——我和我的水道

邰小妹2001年嫁到爱河村后，逢年过节也都跳起了踩鼓舞，并且越跳越喜欢，每年吃新节她都会邀请娘家的亲朋好友前来欢聚。

"我们年轻人跳的时候，潘盛席等老人家就在场边指导我们动作，这些年我们跟她们学会了一套比较规范的动作。"邰小妹说，通过学习跳踩鼓舞，不仅丰富了业余生活，也领略到了这项非遗舞蹈的魅力。

在潘盛席等老一辈人的努力传承下，现在当地很多年轻人都会跳踩鼓舞，苗族踩鼓舞也在2007年被列入贵州省第二批非物质文化遗产代表作名录。金堡苗族踩鼓舞还曾多次参加黔东南州庆典活动和镇远县大型表演活动，近几年金堡镇将苗族踩鼓舞纳入学校教学课程，使之成为远近闻名的文艺品牌。

"为了进一步丰富我村少数民族民俗文化，弘扬民族文化精神，传承踩鼓舞这一非遗艺术，促进各地方的交流，我们每年都会举行吃新节活动。"村支书田茂许告诉记者，通过多年来的活动开展，踩鼓舞的影响力有了更大提升。

如今，尽管潘盛席老人跳不动舞了，但她最喜欢的事还是坐在广场边看年轻

潘盛席向笔者讲述着她的传承故事，岁月如歌，时光平静地从她的额头溜走，舞步不停，热爱不歇

人跳踩鼓舞。看着她们翩翩起舞，振奋人心的鼓点也同样敲打在潘盛席的心上。看着年轻一代对踩鼓舞这一本土文化依旧喜爱，踩鼓舞依旧保持着昔日的光彩，并得到发扬光大，潘盛席甚是欣慰。

使命在肩——我和我的小连

石国周：传承，是一代又一代人的坚守

王佳丽

人物名片

石国周，男，1956年出生于黄平县浦江村苗族芦笙制作世家，祖祖辈辈除了务农以外，皆以制作芦笙为业。石国周因从小受到祖辈和父辈的熏陶，耳濡目染，成为黄平县级苗族芦笙制作技艺传承人，现在擅长苗族6管芦笙、僚家6管芦笙以及雷山、舟溪19管和21管等多管芦笙的制作。多年来，石国周一心扑在苗族芦笙制作的研究与技艺创新上，为苗族芦笙的传承与发展作出了贡献。

尽管居住条件不是很好，但石国周家中总有芦笙的一席之地（图为石国周吹奏做好的芦笙）

制作芦笙最难的是打造簧片和调音，石国周在经历了无数次的失败后，终于掌握了诀窍［图为石国周（左一）向记者讲述簧片制作技艺］

清水江流经的黄平县谷陇镇有个叫浦江村的苗寨，村子里家家户户都会制作芦笙。而该村镰刀湾附近的芦笙制作世家——石姓家族更是远近闻名，其产品除了供应当地苗族同胞以外，还销往凯里、台江、雷山、镇远、施秉等周边县市。石国周便是该家族第八代传人。

石国周从小便帮助父亲制作芦笙，常常放学回家就开始学习苗族芦笙的制作，从剖竹子开始，每晚都学到深夜十一二点，经父亲几次催促才肯休息，异常勤奋和刻苦。

如今年过六旬的石国周，身体看起来还很硬朗，谈起芦笙更是激情满怀。"我的祖祖辈辈一直致力于苗族传统芦笙的制作，我从1975年开始制作芦笙，算上两个儿子在内，至今已经有9代了。"在石国周心中，已把芦笙制作当成了自己生命和家族史中不可缺少的一部分。

制作芦笙是一门绝活，从选材到成品，共有采芦笙竹、做笙管和插簧片、装芦笙斗和插笙管、配共鸣筒、校音五个步骤，其工序要求严格，稍有不慎，就可能制作不出合格的芦笙来，更谈不上好的了。

"最难的是打造簧片和调音。要将杂铜炼成铜片，锻打时十分讲究火候，若火候不到，铜片就会被打碎；若火候过了，铜片又会被打穿。另一难处是调音定调，调音定调全靠自己多年的经验，制作定音筒，多吹奏，通过听共振音差异来调整簧片。"在经历了无数次的失败以后，石国周不断摸索和总结经验，终于掌握了诀窍。

后来，为使簧片发出的音质更加理想且柔韧耐用，石国周还大胆地在冶铜过程中加入适量白银，使簧片达到高音洪亮、悦耳动听的效果。多年来，石国周一心扑在苗族芦笙制作的研究与技艺的创新上，希望能通过自己的努力，把自己的更多心得教给两个儿子和徒弟们，让他们"青出于蓝而胜于蓝"。

"因为制作芦笙辛苦，也赚不到多少钱，村子里很多的年轻人都不愿意学，都外出打工，现在村里只有几户人家仍在坚持。"为了传承芦笙制作技艺，在黄平县文体广电局的组织下，石国周充分利用自身掌握的技术，通过传、帮、带开展传承培训，除自己的两个儿子外，该村已有7个年轻人成为他的学徒，且都掌握了该项工艺制作的全部流程，每人每月有2000余元的收入。

"这是老祖宗传下来的技艺，到我这代一定要守住。"石国周的想法非常简单而坚定。而在儿子石正文看来，苗族芦笙制作技艺不仅是一个家族的手艺，更是一个民族的声音。

芦笙响，五谷丰、六畜兴、人丁旺。只要有苗族人的地方，就有芦笙。芦笙是苗族文化的一种象征，苗族芦笙保持了苗族历史文化艺术的原始性、古朴性。芦笙制作技艺历来都由师父亲自教授，无文字资料留存，且技艺考究，传承比较困难。"只能靠一代又一代人去传承。"石正文怀着这样的心情肩负起了第九代传人的使命。

因为修建水库，石家的老房子即将被淹没，两父子临时居住在镇上。就是在这样简陋的临时住所里，他们还专门腾出一间屋子制作芦笙。"这两天就忙着给凯里市鸭塘街道制作了。"每年秋后，节日扎堆，就会接到很多的订单。

而每逢节庆，石国周和儿子常常放下活计，不辞辛劳地赶到各地芦笙会场，和各地芦笙吹奏大师们一起交流，不断对芦笙制作技艺进行更新提质。"看到大家喜欢我做的芦笙，吹着我们的芦笙获奖，我也很开心。"一代又一代，芦笙就这样永远活在民间。

第一编　人物专访

石云昌：守望《珠郎娘美》

王佳丽

人物名片

　　石云昌，男，侗族，1961年出生，贵州省榕江县栽麻乡八匡村人。1980年至今，石云昌不仅每周义务到八匡村加利小学给学生上两节侗戏、侗族琵琶歌、侗族大歌等民族文化课程，还利用农闲时间深入各村搜集侗戏、侗歌等，并将搜集到的侗戏、侗歌制成光碟。2000年，他组织乡亲将被列入国家级非物质文化遗产保护名录的侗戏《珠郎娘美》民间剧本译成汉语并拍摄成6集侗戏电视连续剧，引起了社会关注。2010年，石云昌被贵州省文化厅评为非物质文化遗产项目

面对记者的来访，石云昌组织侗戏爱好者演出（图为记者与石云昌及其侗戏班子合影留念）

使命在肩——我和我的侗道

《珠郎娘美》省级代表性传承人。

石云昌是个生意人。八匡村毗邻国道的一侧有他的房子，两间屋子被打通，面向国道的一边摆上货架，尽管货物已不多，有些许灰尘，但也可以窥得往日的热闹。

"年纪大了，随便做点。"今年60多岁的石云昌已经开始颐养天年，但并没有丢下自己的爱好——在货架的另一头，从房顶搭下来一块幕布，必要时，家里也可以化身戏台，偶尔开台唱戏，还是能吸引到一大群周遭的观众。

石云昌自幼酷爱侗戏，尤其爱《珠郎娘美》中的爱情悲剧——榕江县三宝侗寨一位名叫娘美的女子与珠郎青梅竹马、情投意合，为反抗古礼的包办婚姻，她与珠郎私奔到从江贯洞；贯洞财主银宜贪恋娘美的美色，想霸占她，未果，便勾结寨老蛮松将珠郎杀害；珠郎他乡遇害，娘美悲痛欲绝，在巧施计策为珠郎报仇雪恨之后，身背夫君尸骨回家乡埋葬。

石云昌常常利用农闲时间深入各村搜集侗戏、侗歌资料（图为石云昌搜集整理的《珠郎娘美》文本）

这个凄美的爱情故事在侗族地区被广泛传颂。清末，从江县侗族戏师梁绍华、梁耀庭据此编成侗戏剧本，展现了侗乡男女青年渴望自由、追求平等的呐喊，塑造了侗族妇女勤劳、智慧、善良、不屈的形象。

2000年，石云昌拿着自己的积蓄，聘请了周边村寨的村民，将经典侗戏《珠郎娘美》拍摄成实景电视连续剧，并将其制作成光碟。

"拜了6个戏师，花了6万块钱，请了二十多个演员，跑了三县七个村，就是要把《珠郎娘美》这出戏拍下来。"回忆往昔，石云昌还是很激动。彼时，他因为做生意赚了些钱，就想着把打小就喜欢的侗戏《珠郎娘美》拍下来，让侗族同胞都能看上。

那时，家里还差电脑，就从湖南购入；自己不懂戏剧，就请了周围出了名的老师指导；演员们要是因拍戏误工了，一天还得付给他们50块钱误工费。"反正我吃啥他们吃啥，大热天拍戏，他们也不容易。"

"从小听老歌师唱侗戏，我就感受到我们浓郁的民族文化，那时就想，有一天我要将这些东西带到更多人面前，让别人一起感受这种独特的文化。"石云昌对侗戏执着而富有感情。他年轻时当民办教师十余年，都是一边教书，一边跟当地歌师学侗戏，一边带侗戏班。

2009年，石云昌被评为国家级非物质文化遗产代表作项目侗戏黔东南州级传承人；2010年，他被评为国家级非物质文化遗产代表作项目侗戏贵州省级传承人；2011年，他被评为国家级非物质文化遗产代表作项目侗戏国家级传承人。

成为非遗传承人后，石云昌更觉自己责任重大，他组织起一个戏班子，每到过年，演出都安排得满满的，"从正月初二开始，每个寨子待上三五天。"黎平、从江、榕江……"不为了别的，就是爱好，就是互相交流，互相学习。"

"我还要将我学到的侗歌、侗戏全部教给学生，让大家代代相传，将我们的民族文化带到更多、更远的地方去。"石云昌从没有担心过传承的问题，如今，除了平常在家中组织同村人学侗歌、侗戏外，他还在八匡村加利小学侗戏班负责侗戏传承文化教学工作，还有学生因此考上了艺术院校。现在寒暑假期间，戏班子里也有大学生和中学生参与演出。

2020年底，在学生的帮助下，石云昌开通了自己的抖音账号"爱学侗戏唱侗歌人"，将自己的教学还有演出视频上传到社交平台，如今已经有了三千多的

使命在肩——我和我的小链

"粉丝"。在今年的贵州省传统戏剧抖音大赛中,石云昌获得了第一名。通过传统戏剧"触网",石云昌将自己的热爱传播得更远。

　　石云昌是个生意人,更是一个传承人。正是因为有了像他这样的戏剧人的坚守、创新和传承,《珠郎娘美》这出动人的爱情故事和其展现的不屈精神,才能在侗族聚居地区乃至全世界传唱至今。

吴光台：畲族风情　质朴传承

王佳丽

人物名片

吴光台，男，1944年3月生于麻江县宣威镇岩莺村，畲族粑槽舞州级代表性传承人。由于精通粑槽舞，村里或周边村寨只要有老人过世，他都被请去主持冲粑槽。很多人慕名前来拜师学艺，目前吴老已收徒30余人，使畲族粑槽舞后继有人。

在畲族的民间文化中，最有特色的是畲族的粑槽舞。它是畲族独有的一种丧葬舞蹈，集祭祀、娱乐于一体，有一套固定的节拍和跳法。舞蹈时，舞者将粑槽反扣在地，用木棒冲击粑槽底部，发出铿锵有力的节奏。跳粑槽舞是一项高强度的运动，起初仅限男性参加。

吴光台虽已年过古稀，但须髯飘拂，精神矍铄，是当地德高望重的寨老。他指导的岩莺粑槽舞队，舞者个个身怀绝技，舞到酣处时，只见棍棒翻飞，鼓声、粑槽声震天，舞者大汗淋漓，场面甚为壮观。粑槽舞充分体现了畲族人豪放的性格以及畲族人民的智慧、勤劳和畲族的精神文化。

据吴光台介绍，粑槽舞主要流传于麻江县原杏山镇六堡村、营山村、中山村、仙鹅村、坝寨村、偿班村、仰鼓村及原宣威镇岩莺村、黄莺村等畲族聚居区。

关于粑槽舞的起源，有一个悲壮的传说：畲族祖上有一位名叫代赖（音译）的人，能征善战、武艺高强，当时的朝廷因惧怕畲族人造反而设计将其诱杀。在其葬礼上，族人义愤填膺，将粑槽反扑在地，用木棍冲击粑槽，象征着要将朝廷颠覆并对其进行冲击（在畲族语言中"槽""朝"是一个音）。从此，冲粑槽逐渐

使命在肩——我和我的水族

成了一种风俗活动，进而演化为一种丧葬舞蹈，舞者在跳舞时也不仅仅是冲击粑槽，还按照一定的节拍，用木棍与木棍相互击打，以示继承祖先的武艺。

粑槽舞一般只用在去世老人的葬礼上。畲族聚居地区，家家门前都有一个小坝子，粑槽舞就在坝子里跳，而死者就用棺材陈殓在正堂中。

一般跳粑槽舞的程序由祭祖、跳舞和结束三部分组成，参加人员仅限男人四名，但具体谁跳并不固定，凡会跳者均可轮换上场。粑槽舞的分工为击木鼓、铜鼓各一人（多为老者），冲粑槽跳舞者四人（多为青壮年）。跳粑槽舞必须在木鼓的指挥下进行，而打击木鼓有一套固定节拍，节拍大多以口诀的形式代代相传。打鼓要时而击鼓面，时而击鼓身。击鼓面时，跳舞者用木棍冲击粑槽底部；击鼓身时，跳舞者用木棍击打自己左或右侧跳舞者的木棍。

整个舞蹈分为上、下各12小节，在每一节终了时，舞者要按其节次绕粑槽转圈，同时以棍相击。一般整个舞蹈跳完一次需要一个半小时，所以体力不支或手脚不灵活者往往望而却步。跳舞要一直延续至深夜，有时甚至到天明，最后一次跳完，舞者需合力将粑槽翻回来，整个过程才结束。

吴光台虽已年过古稀，但须髯飘拂，精神矍铄，是当地德高望重的寨老

畲族粑槽舞传承人吴光台

粑槽舞以生活器具粑槽作道具，击声古朴，舞姿粗犷。该舞虽然限定人员性别，但只要是男子均可轮流参与，具有较强的群众参与性。随着时代的发展，粑槽舞已经成为畲族人喜闻乐见的休闲方式。

粑槽舞不仅是畲族人的精神纽带，还是畲族人精神、信仰、价值取向的重要载体，具有不可替代的研究价值。

在吴光台等传承人的推动下，近年来粑槽舞渐渐进入校园。在2019多彩贵州百姓大舞台非遗周末聚启动仪式暨"六一"儿童专场活动上，由隆昌小学21名小演员组成的粑槽舞表演队应邀出席活动并为观众展示了畲族粑槽舞的魅力。隆昌小学的小演员们分别在多彩贵州文创园和贵阳国际机场进行了两天四场的展示。当音乐响起，粑棒落地的瞬间，所有在场人员为之一震，现场观众纷纷举起手机拍照、录像，大家为小朋友们的精彩表演送上最热烈的掌声和最真诚的鼓励。

畲族粑槽舞传承方式以口传和身教为主，本族的人只有悟性者均可学习。但在吴光台看来，选出一个真正的传承人仍非易事，"要内心真的热爱，有传承和发扬民族文化的精神，才能成为我的弟子。"吴光台坚信一定能找到这样的接班人。

使命在肩——我和我的非遗

吴菊香：唱响民族团结一家亲

康 莉

人物名片

吴菊香，苗族，天柱县地湖乡永光村人，阳戏省级非物质文化遗产代表性传承人。吴菊香于1980年开始从事阳戏戏剧表演工作，并在本县开展阳戏传承活动，现被聘为天柱县歌舞团的戏剧表演编导老师，曾多次荣获州、省、国家级表彰，被授予黔东南州民族民间文化"优秀传承人""天柱县拔尖人才"等荣誉称号。

吴菊香换上演出服，向笔者展示了表演时的常用动作及要领

吴菊香指着墙上的资料图片，细心向笔者讲述她演出及排练时的心境

  天柱县地湖乡是属于贵州省"飞"入湖南省的一块省级飞地，贵州和湖南两地村民杂居此地已有几百年历史。为了促进彼此的感情交流，当地群众经常组织一些集体娱乐活动，其中演阳戏、观看阳戏就是大家最喜爱的文娱方式之一。

  "我们苗族、汉族同胞一起生活在这里，地湖人走出去，不论是湖南的，还是贵州的，都会说自己是地湖人，大家很团结。"记者在天柱县非遗展示馆见到了阳戏省级非物质文化遗产代表性传承人吴菊香，她向记者介绍起了阳戏的历史。

  阳戏于清朝道光年间由湖南黔阳传入天柱，至今有160余年历史。阳戏的表演有其地方特色，其传统剧目内容多为颂扬自由恋爱、抨击封建礼教、宣扬善恶报应、揭露假丑恶，而新时代的阳戏多歌颂新人、新事、新风尚。

  说起自己的学戏之路，吴菊香说可谓是一波三折。

  因其叔父是阳戏队的演员，7岁起吴菊香就对阳戏产生了浓厚的兴趣。

  "每到过年的正月间，阳戏队是最忙的，一直要唱到正月二十八。从小学三

使命在肩——我和我的水道

年级开始,我就跟着叔父一起表演阳戏。天天赶场子,去这个村表演完了就要赶路去另外一个村,一个正月走下来,鞋都能磨坏一双。"吴菊香回忆起学戏的经历,感叹虽然辛苦但却乐在其中。

"如果你再去唱戏,我就把你的腿打断!"当吴菊香正想象着自己以后能够成为当地的名角儿的时候,由于受传统思想的影响,吴菊香的父亲坚决不同意女儿再唱戏了。

"父亲觉得女孩子唱戏不好,母亲虽然心疼我,但是也不敢多言。"那一刻,她觉得自己孤立无援。难道就要这样放弃自己热爱的阳戏表演了吗?吴菊香一遍遍地问着自己。

"我不会放弃的,我一定要向父亲证明女孩子唱戏也能闯出一片天。"父亲的反对,不但没让吴菊香退缩,反而更加坚定了她要学习阳戏的决心。

1982年,吴菊香凭借自己的努力,进入天柱县文化工作队从事戏剧表演工作。

"我记得那时我们经常下到村里演出。有一次回到了我的老家永光村演出,当时村里的左邻右舍都来看戏,我还挺紧张的。但我在人群中看见了父亲的那一瞬间,终于轻松了。"吴菊香说,那是父亲第一次来看她的演出,说明了父亲对她的认可。看到女儿通过唱戏找到了一份稳定的工作,成了真正的戏剧演员,父亲也开始支持女儿的事业。

有了家人的支持,吴菊香的戏剧表演事业更上一层楼。2010年,吴菊香参加多彩贵州戏剧大赛总决赛,她表演的《小江渡口》剧目获戏剧类银瀑奖。

此后,吴菊香在天柱县歌舞团担任戏剧表演编导老师。带领学生排戏之余,她还创作了《满妹拜寿》等优秀的阳戏剧本。

"戏剧始终来源于生活,有些演员演出的时候,观众会跟着戏中人物角色的表演产生情感的变化,而有些演员演出的时候,观众却始终无法入戏。无论是演戏,还是创作剧本,一定要真情实感。"吴菊香深有感触。

戏剧不在于写出多么光彩照人的事迹,而在于写出性格独特、内心丰满的人物。舞台上有了活生生的人物,没有戏,也可以有戏。"演员只有提高文化艺术素养、审美能力、表演水平,才能增强地方戏非遗剧种的传承活力。"吴菊香说。

唱了30多年的戏,也教了不少的学生,吴菊香说她最得意的一个学生,是一名普通的农村妇女，名叫杨双。

"杨双也是我们地湖乡的人，从小受到阳戏的熏陶，后来因为看了我的演出，喜欢上了阳戏，就来找我，想跟我学戏。"吴菊香介绍说，杨双当初来学戏的模样，就像年轻时的自己，那份热爱之情溢于言表。

"阳戏作为地方戏剧，具有悠久的历史传统、独特的艺术魅力和广泛的群众基础，是非物质文化遗产的重要组成部分，是表现和传承中华优秀传统文化的重要载体。"作为非遗传承人，吴菊香表示自己还有一个心愿，就是希望能够组建一支阳戏队，创作出、编排出更多正能量且温暖人心的阳戏剧目，让阳戏走上更大的舞台，让越来越多的年轻人也爱上传统戏剧。

使命在肩——我和我的水道

吴胜华：推陈出新传侗戏

王佳丽

人物名片

吴胜华，男，1963年生，黎平县茅贡镇地扪村人，他自幼酷爱侗歌、侗戏等民族文化，精通牛腿琴、二胡、板胡、琵琶等民族乐器。1983年，他师从国家级非物质文化遗产项目侗戏代表性传承人吴胜章，专攻侗戏、侗歌创作和表演。2012年9月，他被黔东南州人民政府认定为州级侗戏代表性传承人。他目前创作的侗戏剧目有十余部，多年来，他一直致力于在更深层次和更广阔的舞台展示和传承侗戏文化。

三个乐师在舞台一侧坐成一排，两个分别拉二胡、板胡，一个弹侗族琵琶。音乐节奏平缓，拉弦的乐器发出绵长的声音，演员们娓娓道来，叮咚的琵琶声则加入了一些跳跃感。三把简单乐器撑起全场。

一些演员穿侗族传统服饰，也有演员穿龙袍和官服。演员的对白很少，但唱得多，每个角色的唱腔大致相同。演员的舞步也很少，最为常见的是沿着横"8"的轨迹做交叉走位。

一出传统的侗戏就这样在黎平县茅贡镇地扪村拉开帷幕。

吴胜华不停忙活着，指挥幕后的准备和台前的演出。在观看表演的过程中，吴胜华还得给演员们提示台词。

吴胜华从20岁开始，就跟着村里一位叫吴胜章的侗戏师学唱戏。后来，他在地扪村担任村支书，也时常组织学生们学唱侗族大歌和侗戏。

恩师吴胜章说："成为演员和成为侗戏师，门槛是不一样的。"侗戏师是多重身份的集合，他既能做演员，也能做导演，同时还须能编歌编剧。侗族的戏师往

吴胜华（右一）从20岁开始就跟着吴胜章（左一）学唱戏，二人在艺术的道路上同行（图为师徒二人接受记者采访）

往也就是歌师，只有会编歌的人才能编戏，才能深刻理解剧情，理解剧中人物的思想感情，才能当导演。

吴胜章是吴胜华的师父，而吴胜华又有一个徒弟叫吴章和。在地扪村，侗戏是这样一代代相传的。

吴胜华年轻时，电影、电视都是非常罕见的——地扪村2002年才通电，可娱乐的东西少，侗戏因此大受欢迎。地扪村有几个小寨子，每个小寨子都有侗戏班子。寨子间互相邀请侗戏班子唱戏。戏班子无论唱得好不好，都会受到热情的欢迎。

2004年，吴胜华重组"千三地扪艺术团"，为当地群众和中外游客表演侗戏、侗歌节目。那时地扪侗寨的侗戏班子演员多达七八十人。这七八十人是一个候选群体，一般一场戏真正会用到的人不超过20个。侗戏班子对于演员的要求也不苛刻，只要长相还可以，唱的声音比较好就行。演员也不用非常固定，这边

使命在肩——我和我的水道

一个演员临时来不了，拉另一个人顶上即可。

演员们对于参与侗戏表演的热情都很高涨。一方面，侗戏能为本寨子带来荣誉，演员在寨子里也比较受欢迎；另一方面，它还是寨子之间进行交往，尤其是男女青年进行交往的重要机会。两个寨子之间相互邀请，犹如大国外交般隆重，往往要由寨老出面邀请，到别寨唱侗戏，一般也由寨老带队。侗戏演出相对于其他戏剧来说，节奏比较缓慢，演员用唱的方式慢慢地把故事呈现给观众。一次演出，有时是一天，有时也需多日。

"随着外出打工的年轻人越来越多，侗戏也曾经沉寂了很长一段时间。"吴胜华介绍，"但是在侗寨里，作为群众喜欢的娱乐方式，侗戏一直有人传唱，随着政府的重视和外界学者的关注度提升，侗戏也迎来了新的发展时期。"

吴胜华目前创作的侗戏剧目有十余部，其中《反腐倡廉》《惠民政策好》《精准扶贫》分别在2016年、2017年、2019年黎平县第二届、第三届、第四届侗戏会演剧目评比中荣获"优秀剧目奖"，《精准扶贫》还获表演一等奖。"目前正在

吴胜华整理创作的侗戏文本

创作的《婆媳》讲述的是媳妇沉迷于手机，和婆婆之间产生矛盾的故事。"在吴胜华看来，唯有把贴近生活的故事搬上舞台，才能得到观众的共鸣和认同。

2018年和2019年，吴胜华连续两年受邀到湖南省怀化学院侗戏培训班讲授侗戏相关课程，并被该校聘为特聘教授。2019年9月，他的团队受邀到国家大剧院参与演出，在更高层次和更广阔的舞台展示和传承侗戏文化。

在地扪村的戏台正上方，张贴着"推陈出新"四个大字，这正是吴胜华等人在乡村接力传承的写照。正因如此，侗戏这种古老的艺术形式才能在新时代焕发出新的生命力。

使命在肩——我和我的水道

吴通贤：枫木棒上的古歌传承

康 莉

人物名片

吴通贤，苗族，施秉县杨柳塘镇屯上村人，刻道国家级非物质文化遗产代表性传承人。他为传承刻道作出积极贡献，是当地公认的最热心、最有人气的苗族刻道歌师。2018年5月，他入选第五批国家级非物质文化遗产代表性传承人。

吴通贤向笔者讲述刻道的过往与传承

传习所的桌子上摆放着吴通贤制作的刻道用具

2019年10月13日，记者一行来到施秉县。车辆行驶在迎宾大道上，道路两旁的路灯样式别致，与其他地方的路灯都不一样，这引起了记者的好奇。

"这些路灯就是根据我们施秉县的国家级非物质文化遗产刻道的样式独家定制的。"施秉县非遗中心的工作人员向记者解释道。

"刻道"即"刻木"，是居住在我国境内的苗族群体中，唯一保留至今的刻木记事符号。它是苗族最早的记事实物和最古老的文字工具。

说起刻道就不得不提起一个人，他就是刻道国家级非物质文化遗产代表性传承人吴通贤。

"吴老师的歌声，那是响当当的，没有人不说好！"

"只要吴老师参加歌唱比赛，那都是第一名！"

……

在施秉县，年近七十的吴通贤人气不亚于当下的"流量"明星。

"稍等，我给他们再讲一遍队形。"在传习所，记者见到了忙着接电话的吴

使命在肩——我和我的 小 道

通贤。

原来，这两天施秉县易地搬迁扶贫集中安置点南官营社区要举行歌舞比赛，学员龙阿开特地打电话给师父吴通贤，请他前来指导。

"昨天晚上我6点钟去的，帮他们排练到10点钟才回家，今天我再跟他们说一说。"吴通贤告诉记者，因为自己是刻道歌师，也会跳苗族传统的舞蹈，大家对他十分认可，所以有什么歌舞比赛都会喊他去指导一下，他也十分乐意。

由于家庭贫困，吴通贤从小就没有机会读书，他父亲是当地有名的苗族刻道歌王，受父亲的影响，唱歌成了他唯一的爱好。

吴通贤17岁开始追随父亲学习刻道歌，经过近10年的努力，终于能把刻道歌的全部内容倒背如流，从而成为当地公认的第六代刻道歌师。

"学会刻道歌的关键就是记忆力，不同的符号代表了不同的意思，有些人看着符号表才会，不看就记不住。"在刻道符号解析表前，吴通贤给记者上了一课。

刻道，通常以枫木刻成，其大小便于携带，形状一般以圆形、方形为主，其上三面刻有符号，每面刻九格，共计二十七格，每格以横、竖、点、撇、捺等笔画组成，构成苗族刻道歌各段的内容。

没有读过书的吴通贤，凭借父亲的口传心授，与自己超常的记忆力，成了"行走的刻道活化石"。

作为传承人，吴通贤至今已免费开办苗族刻道歌培训班30多期，培训学员2000余人次，他经常率领当地苗歌爱好者参加各类苗族文化活动，带动了当地一大批苗歌爱好者学唱刻道歌。

龙阿褒就是吴通贤的得意门生之一。1982年她嫁入屯上村后，就师从吴通贤。她的声音高亢嘹亮，极具张力，通过刻苦学习和训练，她已成为当地有名的刻道歌师之一。

采访之余，吴通贤的微信提示音接连响起。他拿出手机，打开微信，向记者展示了刻道培训开心群、培训刻道群、苗歌对唱群等十余个苗歌群。

"大家没事就在群里对唱，也有学生唱了让我点评，大家相互交流刻道，很快乐。"吴通贤笑着说。

苗家有一句俗语：会唱歌、会吹芦笙的人最穷。因为每逢红白喜事，乡里乡亲都会请会唱歌、会吹芦笙的人去帮忙，而帮忙是没有报酬的，还耽误做农活。吴通贤家世代都是歌王，他父亲逝世时，只传给他一根歌棒，还有一套苗族服饰。纵然一生清贫，但在传承刻道这一苗族灿烂文化的每一天里，吴通贤的内心都是丰盈的。

使命在肩——我和我的师傅

方少保：民族歌声传递民族文化

王佳丽

人物名片

方少保，女，苗族，生于1973年，台江县国家级非物质文化遗产多声部民歌（苗族多声部民歌）传承人。方少掌握的苗族民歌种类丰富多样，她的演唱能力很强，嗓音条件非常好。她曾办过数期培训班，将自己掌握的民歌及歌唱技艺传授给年轻一代歌师，为苗族民歌的传承作出了积极贡献。

清水江畔，有一种旋律格外动人，它仿佛从久远的千年走来，又像是从心间升起，它就是苗族多声部民歌。

苗族多声部民歌是流传于贵州省台江县等地苗族村寨的一种原生态民歌，距今已有七百余年的历史。它曲调优美动听，情感细腻动人，显示出明显的民族和地域特色。

方少保也喜欢唱这种民歌。"因为从小嗓音条件好，各个村寨有什么活动，大人都愿意带着她去。"方少保的姑妈是一名民间文艺活动爱好者，在方少保十岁时，姑妈便带着她参加各类集会和比赛。

方少保表示，在各个乡镇、村寨比赛期间，她还会带上录音机，录下苗族各个支系的民歌，比赛完回到家，在闲暇、做饭和干农活的时候，便拿出录音机来，一边听一边学唱，从而掌握了苗族各个支系的多声部民歌。村寨里人人都夸她"唱得真有那个味道"。

2004年春节，在中央电视台举办的"中国西部民歌大赛"上，由方少保和台江苗族青年农民张本云、吴通林、唐龙、唐翁翁等演唱的苗族多声部情歌《阳春三月好风光》获金奖。

方少保身着民族服饰

方少保一唱成名，先后辗转到贵阳等地进修、表演，最终仍决定回到家乡台江县。她的丈夫在县文广局上班，常常会有同事说："请你老婆来教课吧。"本着帮忙的心态，方少保成了一名没有工资的老师，机关单位、小学、高中，哪里有需要，就去哪里。

方少保的演唱能力很强，嗓音条件非常好，掌握的苗族民歌种类丰富多样，通过开办数期培训班，方少保将自己掌握的民歌及歌唱技艺传授给年轻一代歌师，为苗族民歌的传承作出了积极贡献。

苗族多声部民歌是台江县苗族现存传统文化最重要的组成部分，然而随着时代的发展，苗族村寨的生产生活方式在发生改变，会唱多声部民歌的人越来越少，古老艺术濒临失传，迫切需要抢救保护。

作为国家级非物质文化遗产多声部民歌（苗族多声部民歌）传承人，方少保"巴不得有人来学"。只要有人感兴趣、有爱好，方少保便非常耐心地教授。"如果再不传承下去，会唱的人就真的越来越少了。"

由于苗族没有文字，很多歌曲只能用脑子记，但是越来越多的人不会说苗语，方少保只能一遍一遍、一句一句地教，直到对方最终学会。如今，方少保教

使命在肩——我和我的水道

方少保曾多次外出参加各种表演和比赛［图为方少保（左二）参加民歌合唱节］

在台江县非遗中心，方少保与记者畅聊多声部民歌的传承与发展［图为采访团与方少保（右三）合影］

过的学生不计其数，有的年龄比她还大。"常常走在街上，还会碰到人问'方老师，你还记得我吗?'"谈及此景，方少保既感到骄傲又显得不好意思。

　　有时候，方少保也到中学给艺术生上课。多声部情歌对声乐技巧要求高，演唱难度大，演唱方法独特，但是"娃娃聪明，学得快"，不少孩子考上了艺术院校，这让方少保感觉到后继有人。

　　但是，对于方少保来说，这还远远不够。她希望和更多的传承人一起联合办班，将苗族多声部民歌更好地传承下去，也将民族文化传承下去。

使命在肩——我和我的非遗

田锦锋：苗族古歌　民族心灵的记忆

康　莉

人物名片

田锦锋，苗族，台江县方召镇方召村人，苗族古歌国家级非物质文化遗产代表性传承人。他是家传苗族古歌传人，年少就随父亲学唱古歌，学艺从艺50多年，从未间断。在传承苗族古歌的实践中，他不断向各支系苗族歌师求教，博采众长，积累提高，并不断培养新一代的传承人。

田锦锋与笔者交谈，谈起歌，他的眼里还如星星闪烁，准备随时上场歌唱

田锦锋家中的"装饰品"——奖杯

"要听老师的话,不要捣乱哦。"早晨八点,田锦锋把孙子送进学校,还不断地叮嘱着。2018年,田锦锋一家响应易地扶贫搬迁政策,从老家方召村搬到了台江县城的桃源小区扶贫安置点居住。与许多在城里生活的老人一样,70岁的田锦锋帮着子女带孩子、接送孩子,不断适应着城里的快节奏生活。

记者随着田锦锋来到他的家中,看见他珍藏的手写苗族古歌本放在客厅最显眼的位置。"无论住在哪,古歌都要唱啊!"田锦锋拿起古歌本,向记者讲起了他与苗族古歌的缘分。

苗族古歌内容丰富,从宇宙的诞生、人类和物种的起源到苗族的大迁徙、苗族的古代社会制度和日常生产生活等,包罗万象,是苗族古代神话的总汇。

在田锦锋出生的苗寨,小孩学歌、年轻人唱歌、老人教歌是当地人与生俱来、世代相传的生活方式。田锦锋也是这样从小跟着父亲开始学歌的,随着年龄的增长,田锦锋掌握的古歌越来越多,但他并不满足,开始向更多苗族古歌歌师求学。

使命在肩——我和我的苗٭

苗寨处处是歌，敬酒唱歌，结婚、丧葬也唱歌。在这样能歌善舞的苗乡，想学苗歌很容易，但要成为歌师却不是那么简单的事情。田锦锋用心学习，虚心请教，到四乡八寨拜歌师学歌，对古歌的追求非常执着。早在20世纪80年代，年轻的田锦锋便靠着自己的努力与天赋，熟练掌握了《开天辟地》《铸日铸月》《打柱擎天》《妹榜妹留》《射日射月》《十二个蛋》《寻找树种》等苗族古歌，以及《祖父到女婿家做客》《姑爹姑妈回舅舅家做客》等礼仪类苗歌。几年下来，田锦锋终于成了台江远近闻名的歌师。

当记者问田锦锋觉得苗族古歌的魅力在哪时，他回答道："'苗族古歌的兴起，对于发掘和继承苗族传统的民间文学，有着重要的意义，能够丰富我们的文化生活，加强思想交流，促进民族团结，真正表达了人类的思维情感。'这是我们台江苗族古歌的前辈大师王安江对苗族古歌的见解，我想这就是让我们后辈还为之着迷的苗族古歌的魅力吧。"

随着时代的发展，受打工潮以及现代文化的影响，会演唱苗族古歌的人越来越少，只有为数不多的中老年人会唱。随着古歌师的衰老和过世，苗族古歌已经到了濒临失传的境地。为了有效抢救苗族古歌，近年来，台江县采取多种措施，开展传承保护工作，比如苗族歌师的挖掘申报、苗族文化进课堂等一系列卓有成效的工作，使情况有了转机。

"就像城市里的生活节奏越来越快一样，我们苗族古歌的传承与保护也要加足马力，快点，再快点。"田锦锋说，自己作为苗族古歌的传承人，肩上有责任、有使命。田锦锋积极配合台江县非遗中心的工作，与刘永洪、张洪珍等传承人一起完成所能演唱的苗族古歌的录音工作，从文字和录音录像方面对苗族古歌进行了全面抢救性记录，顺利完成了苗族古歌抢救性阶段数字化建设。

"苗族没有文字，我们以前学歌都是口口相传。现在我们有条件了，应该给后辈留下点东西，让他们能够有一个较好的传承环境，这也是我作为传承人应该做的。"田锦锋搬到台江县城居住以后，经常进入社区、学校进行苗族古歌的传授工作。目前，他教授的学生已有百余人，还有其他社会上爱好古歌的几十人也都在跟他学习。

"现在更多的是用古歌的调子，编入现代的歌词，进行传唱。"田锦锋说，如今在传承一些苗歌的同时，大家会把感谢党和政府的好政策、颂扬如今的幸福生活等内容融入苗歌，使之演变成现代的苗歌。传统的古歌一唱就需要很长时间，而现代苗歌则没有太多的约束，说唱就唱，把想说的话用苗歌的音调唱出来就行。在苗族的各种节日，人们都要举行唱歌比赛。每当这时，唱歌的队伍就会有很多，各地的苗族文化节上，到处都设有一个专门唱苗歌的大舞台，不论酒歌、大歌还是情歌，大家你唱我也唱，不为拿名次，只为同台乐，图个开心。

打开中国原创音乐基地的网站，田锦锋找到自己与朋友一起录制上传的古歌，点击播放，与我们分享这悠扬的古歌，自己也随着哼唱起来。

听，那声音由远及近，仿佛在苍莽空寂的宇宙间，传过一个声音。那古远嘹亮的音调是人生之歌的序曲，是苗族同胞往事越千年的心灵记忆。

使命在肩——我和我的水道

肖光华：让千年思州傩文化绽放光芒

康 莉

人物名片

肖光华，汉族，55岁，岑巩县平庄村凯空组人，思州傩技傩戏第十四代传承人，州级非物质文化遗产思州傩技傩戏传承人。三十余年来一直为了思州傩技傩戏的传承与发展而坚守，带领表演团应邀赴日本、韩国及中国香港、北京等地演出上千场，让思州傩技傩戏不仅在国内打响了知名度，而且走出国门，走向世界。

肖光华向笔者讲述着傩戏的发展史，除了傩戏，没有其他事能让肖光华如此兴奋

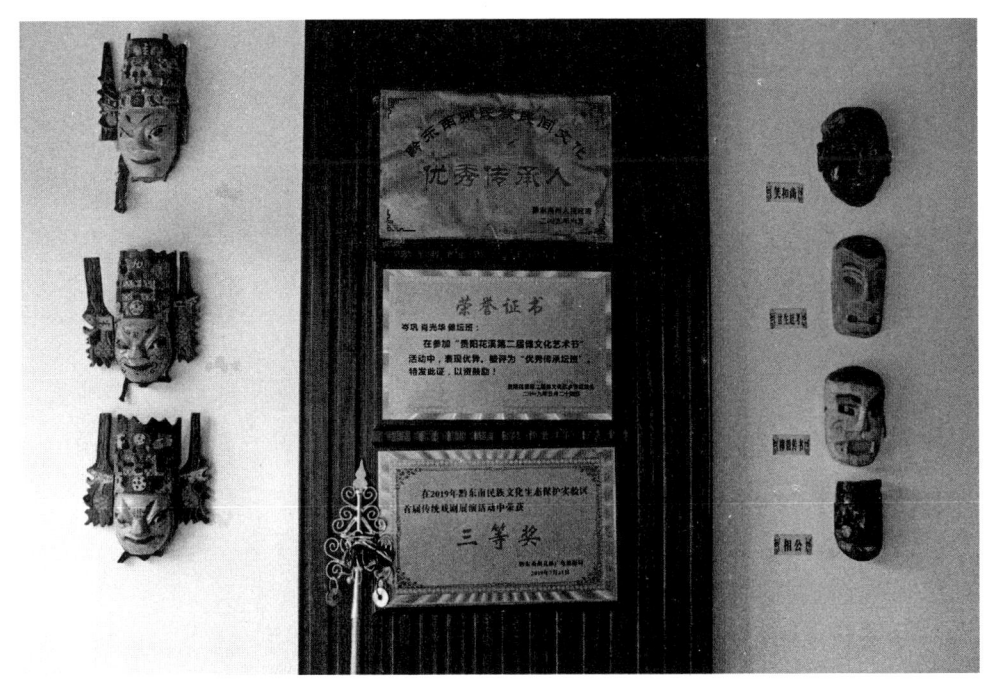

传习所里陈列着傩戏表演的道具与肖光华所获的荣誉

上刀山，下火海，口含红铁……这些古老神秘的傩技表演，离我们大众的生活似乎很遥远。

2020年9月3日，记者一行来到岑巩县平庄镇平庄村凯空组，走进了这个以傩文化闻名的村子。

"思州傩文化不仅是肖氏家族的，更是中华民族的，而且还是世界的，要通过一代一代的传承，让千年思州傩技傩戏绽放光芒。"走进思州傩技傩戏传习所，肖光华热情地为我们讲起了思州傩文化。

祭中有歌、歌中有舞，舞中有戏、戏中有技。肖氏家族傩文化的特点是，它是唯一寓戏和技为一体的演艺文化，其戏唱腔独特，其技技艺高超，令人惊叹。

为促进非物质文化遗产的保护和传承，进一步弘扬思州文化，传承傩技傩戏，思州傩技傩戏传习所于今年6月正式挂牌成立，而其所在地正是肖光华盖的新居。

传习所一层的几个展厅被打造成小型的思州傩技傩戏博物馆，展品包括傩技

使命在肩——我和我的水道

傩戏表演所用的面具、服装、戏谱、道具等，任意一件物品都有着它的历史，异常珍贵。

"我没有半点犹豫，百分之百同意！"肖光华说，他的一生与傩文化是分不开的，所以把自己的新居改建成思州傩技傩戏传习所，是他作为传承人应尽的责任。

由于爷爷、父亲都是思州傩技傩戏的传承人，肖光华从小耳濡目染，在12岁时便萌生了学习傩技傩戏的想法。

78出傩戏，上千个繁体字，只有小学二年级文化程度的肖光华边抄写边记忆戏本，练就了过目不忘的本领。开红山、上刀山、下火海、口含红铁、雪山令等傩技，肖光华跟着父亲勤学苦练，毫不畏惧。

家中五兄弟，只有老幺肖光华凭借着一股韧劲，得到了父亲的真传，掌握了思州傩技傩戏的全部精髓，成为第十四代传承人。

1992年，在黔东南州文化部门的邀请下，肖光华到北京九龙游乐园表演，

肖光华居住的房子，同时也是一个精致的傩技傩戏传习所

为了扩大思州傩技傩戏的影响，他召集了8位傩师进京。

思州傩技傩戏吸引人的地方不仅在于其题材多样、表现力强，还在于它拥有一种原始的神秘感和仪式感。演员登台前不需要在脸上化妆，而是戴上用杨柳木雕琢而成的各色面具。服装、面具一扮上，演员们就要迅速进入角色，运用唱腔、肢体表演表情达意，丰富人物性格、饱满人物情绪，带观众深度入戏。

到了北京，他们第一场便表演了上刀梯、油锅、喊竹等惊险神秘的傩戏，技压全场，掌声雷动。随着北京电视台等各大媒体专访报道的播出，肖光华和他的戏团一举成名。

1993年，日本东京大学教授金丸良子等学者慕名来到肖光华家中考察，他们惊呼"思州傩文化简直不可思议，是东方的神秘，是现代戏剧的活化石"。随后，肖光华和他的傩戏团受到日本大剧院的邀请，思州傩戏首次走出国门远赴日本表演。

2007年，肖光华成立了思州傩文化演艺中心，多次率队赴国内外展示傩文化。目前该团队已有42名演员，其中女演员8名。

"有些人想跟着我去外面的大城市开开眼界，有些人想学会一门能够挣钱的本事。"岑巩周边慕名前来拜师学艺的人越来越多，为了把思州傩文化发扬光大，肖光华大胆打破了傩技傩戏自古以来"传内不传外、传男不传女"的规矩，开始对外收徒。

2013年对于肖光华来说是特殊的一年，这一年他收了两个得意门生。

"我对自己做出的选择不后悔，我就是要学傩技傩戏。"这一年，肖光华在南昌读大学二年级的大儿子肖江河，退学回到了老家，义无反顾地表示要跟父亲学习傩技傩戏。

"他想学，我肯定毫无保留地传给他。但是，我也更希望他能够读书，走一条跟我不一样的人生路。"面对儿子的举动，肖光华的内心十分矛盾。

"通过一代代传承与创新，傩技傩戏早已不是农村的封建迷信活动了，它是一种独有的民间民俗文化，我想把它带到更大的舞台上。"青出于蓝而胜于蓝，经过几年的坚持努力，25岁的肖江河于2016年举行了过职仪式，从父亲手里接棒，成了思州傩技傩戏第十五代传承人。

同是2013年，家住铜仁石阡的吴素莲来到肖光华的家中，想要登门拜师。

使命在肩——我和我的小道

虽然之前也收过女徒弟，但是对于吴素莲，肖光华还是劝她再好好想想，毕竟女人学傩技傩戏比男人更难。

"我胆子大，我不偷懒，只要您愿意教我，我都学。"在外打工吃过几年苦的吴素莲，为了能够离家近一点，方便照顾老人孩子，瞒着家人来学傩技傩戏，她的真诚打动了肖光华。

胆大心细，能吃苦，有天赋，几年的学习让吴素莲得到了师父肖光华的赏识。看到妻子傩技傩戏学得有模有样，吴素莲的丈夫罗道强也跟随学习，夫妻俩皆拜肖光华为师，经过多年刻苦钻研学习和外出演出磨炼，夫妻俩均掌握了傩戏的大部分演出剧目。吴素莲与罗道强还开创了傩戏弟子夫妻同时过职的历史先河，正式成为傩戏"掌坛师"。

一句句地教，一遍遍地唱，至于学成什么样，全凭个人努力。"无论男女，只要是诚心学艺，我都会把真功夫教给他（她），决不能让老祖宗留传下来的东西在我手上失传。"肖光华说。

在肖光华的带动和传承下，目前岑巩县境内有傩坛上百个，傩文化民间艺人500余人，有傩文化表演队伍近100支。

年近六旬的肖光华，这两年已经很少去外面表演傩技傩戏了，他把主要精力集中在思州傩技傩戏的传承研究中，三十余万字的《三清傩俗之门》专著即将完稿。

从民间祭师到傩技傩戏文化大师，从普通农民到傩技傩戏研究学者，肖光华与傩技傩戏的故事还在继续。

杨春云：侗歌丰满我的人生

王佳丽

人物名片

杨春云，女，侗族，生于1975年1月，现居锦屏县启蒙镇，省级非物质文化遗产项目启蒙侗歌传承人。杨春云在大量掌握侗歌歌艺的前提下，编创出《脱贫攻坚》《家乡美》等新的歌曲，传唱度高，影响范围广。杨春云以启蒙侗歌丰满了人生，更以实际行动传承了启蒙侗歌。

杨春云（左）向记者展示她的传歌微信群

使命在肩——我和我的水道

"一冒起，牙冒现，三冒四冒忍闷秀（侗语，意思为：一人领唱，两人接唱，三人四人和唱，雄浑、高亢的歌声便响彻云霄）。"一句话，道出了独具特色的锦屏县启蒙侗歌。

启蒙侗歌是用原生态侗语创作并传唱的民间文学作品。其种类丰富，有大歌（嘎溜）、山歌（嘎哈啦）、酒歌（嘎烤）、茶歌（嘎斜）、伴嫁歌（嘎拉婢）等。其中大歌（嘎溜）、山歌（嘎哈啦）最具代表性。大歌的演唱方式以合唱为主，歌声雄壮浑厚，气势磅礴，高亢激昂。整个队伍歌声为高低分层次混合，唱到高处则用假嗓提高八度音程，声震屋宇，响彻云霄；唱到低处则如行云流水缓缓而至。

传承人杨春云擅长的便是嘎溜。嘎溜是侗语，"嘎"是"歌"，"溜"是"大、久远"的意思。作为侗歌的一个种类，嘎溜主要在众人聚会的庄重场合演唱，如祭祀、逢年过节或迎接尊贵的客人等。

"那时候我学得快，大人都夸我有天赋呢。"然而，随着年纪渐长，杨春云不

杨春云和她的嘎溜艺术团荣誉墙

得不面临生活的压力。她曾外出打工,与丈夫买了一台集装箱货车在湖南跑生意,后来生意失利,丈夫回到村里跑运输,杨春云在镇上开了一家小饭馆。日子苦的时候,杨春云时不时地唱起侗歌,"只要歌声一起,所有烦恼就消散了,人自然也就乐观起来。"说起所经历的坎坷人生,杨春云脸上一直带着微笑,看不出半点失意。

回乡后,杨春云又开始跟着村里的人一同唱歌。2005年,借着"多彩贵州风"比赛的契机,她将村里的老歌者拜访了个遍。对于侗歌而言,会唱并不算难事,根据当下主题随口编创唱词才能体现出歌者水平,这需要大量的积累,也是歌者艺术生活的体现。杨春云一边忙着生计,一边还忙着歌曲创作传唱,并组织起一支嘎溜艺术团。

嘎溜艺术团吸纳了村里一百多人参加,需要参加比赛的时候,团员才集中到杨春云的饭馆排练。几年来,艺术团陆陆续续到过成都、广州、深圳等地,拿过大大小小的奖项。为了参加比赛,杨春云常常开着自己的车在县城和村里来回跑,却从不感到疲倦。

在杨春云的艺术团里,年纪最大的60多岁、最小的仅5岁。当选为传承人后,杨春云开始不断寻找好的苗子进行重点培养。因为现在会说侗话的年轻人越来越少,愿意学侗歌的好苗子更是难找。面对这一现状,杨春云没有气馁,她在村里游说家长把娃娃送到她那里学唱歌。

在她不懈的努力下,如今,来跟她学艺的娃娃越来越多,寨子里经常飘出柔美清悦的歌声,引人驻足聆听。"一方面是为了传承和保护民族文化,另一方面也希望后代有另一种发展前景和生活方式。"杨春云如是说。

在艺术团成立的第二年,杨春云当选启蒙镇巨寨村的村党支部书记。

"再苦再难也要做,克服万难为人民。"杨春云这样想着,也一直为此努力着。

脱贫攻坚战打响以来,先后有40多个网格员来到巨寨村,他们有的几个月不回家,有的妻孩生病也没有办法回家陪伴,所有人一直战斗在脱贫攻坚的一线。

感悟于此,杨春云谱写了一曲《脱贫攻坚》在村中传唱,歌词里写道:"干部群众心连心,脱贫攻坚到我村;农村工作多辛苦,一心只为来脱贫;为了工作

使命在肩——我和我的小康

的需要，抛下老小离家庭；有的孩子还在小，发冷发热母欠心；喊爹没得爹来抱，喊妈没听妈来音……"感情真挚，闻者落泪。

面对嘎溜的传承，杨春云表示要全力培育和打造"嘎溜"民族文化品牌，注册"锦屏嘎溜文化艺术团"，设计注册"嘎溜"标识，保护文化元素；要培养"嘎溜"传承人，让"嘎溜"文化进校园，留住历史记忆；要加强与县文化歌舞团沟通对接，搭建好"嘎溜"现代化发展平台，让"嘎溜"传唱党恩、歌颂人民美好生活的声音不绝于耳，让"嘎溜"走出侗乡、走向全国、响遍世界，彰显民族风格。"希望可以趁着自己年轻，多为传承做点事。"

杨春云无时无刻不记着侗歌，侗歌也丰满了她的人生。

杨代梅：激活传统文化生命力

王佳丽

人物名片

杨代梅，女，侗族，生于1968年9月，锦屏县人，侗族北部方言歌会省级传承人。作为传承人的杨代梅，脑子里装着3000多首歌，她在曲调和韵脚上下功夫，并尝试以社交网络为载体，结合刺绣、教学等多种方式，激活传统文化的生命力。

"美丽侗寨黄门村，处处风光好迷人……"走进锦屏县彦洞乡黄门村，一群身着民族服饰的村民唱起民歌《来西板（侗语：好得很）》表示欢迎。"大家一同拍摄了这首歌的MV，就是为了宣传我们的黄门村，宣传我们的传统文化。"省级非遗传承人杨代梅说。

侗族北部方言歌是以侗族北部方言作为演唱语言的民间歌谣，有情歌、礼俗歌、侃歌、叙事歌等几大类，是北侗人民在长期的生产劳动中形成的集体智慧结晶，也是北侗民族文化积淀和人民表达情感的重要方式。

侗族以歌传情，杨代梅就是浸润在侗歌声中长大的，所以她喜欢用唱歌表达自己。"即便是在歌会上，斗歌跟打仗一样，我也从来没有输过。"杨代梅自豪地表示。

彦洞"七二〇"民族歌节是侗族北部方言区歌会的典型代表，具有民众自发性，其历史可追溯至清咸丰戊午年（1858）。杨代梅脑子里装着3000多首歌，指哪儿唱哪儿，可以在歌会上把人唱得哑口无言。不仅如此，作为传承人的她，在歌词创作上不断下功夫，注重押韵，吸引了很多"粉丝"。

杨代梅最初建立了QQ群，后来又建立了几个微信群。群成员们积极唱歌，

使命在肩——我和我的 ✺ ✺

你唱一句，我还一句，歌师们时不时地编歌教唱，成员不仅学习唱歌，还学习编歌，大家相互学习，相互点评，相互鼓励，热闹得跟歌会一样。

"这个群主要是以黄门村成员为主，但为了促进北侗民族文化的交流和传承，我们将周边县的歌师以及县内的一些优秀歌手也加进群内。"杨代梅认为，歌手范围广了，歌曲取材会存在多样性，创作形式也会多样化，围绕北侗歌曲的"韵"，其民族文化将会得到更好的传承。

"一开始我对侗歌一点儿都不懂，在杨姐的带动下，我先在群里慢慢听其他歌手唱，到跟唱、学唱，再到自己唱，现在也可以与其他歌手自如地编歌对歌了。"十多年前从外地嫁到黄门村的龙梅芬说。不仅是她，很多从黄门村到外地打工的村民也在群里唱起来。

为了留住更多的人在家传承北侗民歌，2017年3月，杨代梅召集村里的刺绣

每年村里举办歌会时，越来越多的游客前来参观，杨代梅和姐妹们的歌唱事业越来越红火

杨代梅的家乡彦洞黄门村，是彦洞"七二〇"民族歌节的主要举办地

能手一起创业，她们在村里租了两间门面，买了耕田机、织布机、绣花机等设备，成立了棉园刺绣产业服务农民专业合作社。经过两年多的发展，刺绣合作社初具规模，形成了种、织、绣、销为一体的经营模式，受到了周边消费者的青睐，也在县内外打响了名声。不少家庭实现了增收，过上了好日子。

随着唱歌的人越来越多，如今的歌会已发展成形式多样的民族文化节庆活动，活动内容有大型民族歌舞表演、原生态侗歌擂台赛、篮球夺冠赛、斗牛、斗鸟、行歌坐月、文艺晚会等，参加活动的人员，除锦屏县境内的广大民众外，黎平、天柱、剑河等县的群众也积极组织民歌歌手、篮球队等参加节庆活动。

随着时代的发展，杨代梅意识到，应该更注重北侗民歌年轻人才的培养。现在，杨代梅每星期都要到黄门中学、彦洞小学、瑶白小学义务教授侗歌，受到师生的欢迎。"唱侗歌，可以让更多人知道我们的侗歌，而且我觉得很好玩，可以去很多地方比赛。"王宏锦是平时在学校都说普通话的侗家学生，学起侗歌来也是有模有样，在谈起学习侗族方言山歌时，更展现出自豪的神情。

据黄门小学校长谭锡胞介绍，每周三或周五，杨代梅或其他歌师都会来这里教学生们唱歌，为了丰富校园生活，校方还特意从民间请歌师们编出五首侗歌作为黄门小学的校歌。"为了不把我们民族的文化遗产丢失，我们开了这个班，效果很好，目前每个学生都会唱我们的侗歌校歌。"谭锡胞笑道。

杨代梅用实际行动，激活了侗族北部方言歌这一民族传统文化的生命力。

杨国堂：指尖技艺　倾心传承

王佳丽

人物名片

杨国堂，男，苗族，丹寨县龙泉镇排牙村人。他15岁开始学习芦笙吹奏方法和制作技艺，对民间苗族芦笙音乐有着深刻的理解，善于演奏难度较大的芦笙乐曲；他制作的芦笙做工精细、音色优美，其芦笙产品被省内各艺术院校定点采购，作为教学必备教具之一。几十年来他先后培养了100余名芦笙表演者，为芦笙音乐推广作出了突出贡献。2018年5月，杨国堂被文化和旅游部评为国家级非物质文化遗产代表性项目芦笙音乐（苗族芒筒芦笙）代表性传承人。

"芦笙响，脚板痒"，在黔东南州广大少数民族地区，当芦笙响亮的调子响起，人们自然地围圈跳舞，这是一种原始而简单的快乐。

而距离丹寨县城3千米的排牙村，则以芦笙闻名中外。该村村民多次受邀参赛并获奖：1990年9月，受邀参加北京第十一届亚运会开幕式表演；1991年9月，受邀参加"中国第二届民间艺术节"暨"山西国际锣鼓节"比赛，获得"金杯奖"；1994年，受邀参加春节联欢晚会；2005年以来，多次受邀到新加坡、印度尼西亚、泰国、西班牙等国演出。2006年12月，贵州省政府命名排牙村为省级民族民间文化艺术之乡。

在浓厚的民族艺术氛围中，诞生了一名国家级非物质文化遗产项目芦笙音乐（苗族芒筒芦笙）代表性传承人，他就是杨国堂。

走进丹寨县排牙村，一座五层洋楼赫然矗立眼前，这就是杨国堂的芦笙传习基地。"作为一个传承人，就要有传承人的荣誉感和责任感。"杨国堂表示，现在子女成家立业了，他已经没有什么生活负担了，就想把这门手艺传承下去。

使命在肩——我和我的水道

2019年，杨国堂决定拿出积蓄修建芦笙传习基地，以便更好地传承、展示芦笙文化。他的这个想法很快得到两个儿子的支持。他们帮忙争取政府的支持，办理相关审批手续，甚至还拿出一些资金支持杨国堂完成这个梦想。

杨国堂介绍，新建的楼房，一楼将作为体验基地，建成后，游客可以到这里体验制作芦笙，也可以在这里听芦笙、跳芦笙，近距离感受芦笙文化。"希望这个基地不仅能将芦笙文化传承下去，也能给村里带来更多的旅游收入。"

1958年，杨国堂出生在排牙村。25岁那年，家里的芦笙坏了，杨国堂突然想到，村里会吹奏芦笙的人多，会制作芦笙的人却没有，这应该是一门有"钱"途的手艺。

为了学到制作芦笙的技艺，杨国堂多次到丹寨县排调镇羊先村、麻鸟村拜师学艺。尽管山高路远，但杨国堂喜欢这门手艺，他每两周去一趟师父家，学习两三天再回家反复练习。"基本都是白天出去干活，晚上才有空制作芦笙"，坚持了五年，杨国堂终于出师了。

丹寨芦笙的制作过程有几十道工序，制作艺人使用刮、削、通、打、锤、夹、钻等相关工具，经过选料、烤料、打制簧片、制作竹木部件、装簧片和定音等主要工艺流程，才能

杨国堂制作芦笙在选材用料上下足了功夫

将芦笙制作完成。通常，一套八支芒筒芦笙的制作周期近20天。

杨国堂好钻研，他做的芦笙造型好看、音质好、材料好。很快，他的好手艺就远近闻名了，各地来找他做芦笙的人越来越多。他制作的芦笙产品被省内各艺术院校定点采购，作为教学必备教具之一。

做了三十多年芦笙的杨国堂带动了村里的芦笙产业发展，如今，他们还将在村里修建一个芦笙广场。"丹寨的芦笙制作技艺历史悠久，2006年5月入选第一批国家级非物质文化遗产名录，我们修建这个芦笙广场，是为了把芦笙制作技艺和苗族文化传承下去。"杨国堂表示。

杨国堂制作的芦笙产品被省内各艺术院校定点采购，作为必备教具之一（图为杨国堂制作芦笙）

离开排牙村时，芦笙广场的施工正如火如荼地进行，杨国堂站在门口眺望着，似乎在眺望着美好的未来……

使命在肩——我和我的水道

杨开员：有民歌的地方才是家乡

康 莉

人物名片

杨开员，苗族，剑河县久仰镇巫交村人，苗族多声部民歌省级非物质文化遗产代表性传承人。他从小就热爱苗族多声部民歌，作为第五代苗族多声部民歌传承人，他组建巫交村苗族多声部民歌表演队，并多次带队走出大山参加全国性民歌大赛，荣获大奖。2008年，剑河苗族多声部民歌被国务院列入第二批国家级非

杨开员坐在办公室里与记者交流着，他表示，坐办公室还真有些不习惯，还是唱歌舒服

杨开员与学生一起录制民歌非遗宣传片，他想把最美好的民歌展示出来，让更多的人了解和喜爱

物质文化遗产名录。

"我不太会表达，我先给你们唱首我们苗族的多声部民歌吧！"2020年10月16日，记者一行来到剑河县文化馆，见到了苗族多声部民歌省级非物质文化遗产代表性传承人杨开员。眼前的他和蔼可亲，一直带着微笑。

音调跌宕而宽广、悠长而婉转，随着感情的变化，假嗓与颤音并用，独特的声音技巧与曲调相结合——杨开员一开嗓，那强劲的穿透力，仿佛把我们都带到了巫交村那古老的秘境。

"在我们村，男女老少都会唱这首民歌，没有固定的歌词，看到什么唱什么。"杨开员笑着说。

唱歌时的杨开员从容自信，无论站上多大的舞台，当歌声响起，他想到的都是家乡那片梦开始的游方场。

苗族多声部民歌，是以男女对唱的情歌为主。"情"成为歌曲内容的核心，"情"成为歌唱者表达的中心。

"家里祖辈都是苗族多声部民歌的传承人，我是第五代。我8岁开始跟着父

使命在肩——我和我的水道

亲学唱，难点主要是颤音的技巧。"杨开员告诉记者，虽然在歌唱中颤音的掌握比较难，但是在父亲的指导下，他只练习了两个月就掌握了。

当夜幕降临，吃过晚饭，巫交村的青年男女便会相约来到游方场，用歌声传递爱慕之情。

杨开员第一次跟着伙伴来到游方场，就认识了如今的爱人杨燕玲。他们通过歌声借物传情、借景抒情，交流着思想感情与浓浓的爱意。两人在歌声中相伴，六年后，他们正式结为夫妻。

"我想要把我们家乡最美妙的歌声，唱到大山之外，让更多的人听见。"作为传承人的杨开员，不仅善于继承传统唱法，还积极创新，让苗族多声部民歌更具生命力和感染力。

1990年，在杨开员的带动下，巫交村组建了苗族多声部民歌表演队。作为队长，他带领队员们一步步从乡村唱到县城，一路唱到中央电视台，把苗族多声部民歌呈献给全国的观众。

那是2004年，中央电视台主办了"CCTV西部民歌电视大赛"，在县文化馆的推荐下，杨开员带着村里的杨开勇、梁秀花、杨文花一起坐上了前往北京的绿皮火车。

从来没有出过远门，这一出门就到了祖国的首都，杨开员既兴奋又紧张。

站在中央电视台的演播厅里，杨开员紧张到说不出话，连自我介绍都不知道该如何开口。杨开员和另外三名队员索性直接开唱。

一曲完毕，台下的专家评委、观众发出齐刷刷的掌声，直呼"从来没有听到过如此独特的民族音乐唱法，非常棒！"最终，他们的表演荣获对唱组铜奖。

杨开员第一次远征全国大赛，便载誉而归，从此，全国各类歌唱比赛的邀约不断，演出反响热烈。这吸引了许多电视媒体、专家学者走进巫交村，深入探寻苗族多声部民歌的魅力。

"通过传承多声部民歌，我的人生目标发生了许多改变，肩上的责任更重了。"杨开员告诉记者。

2005年，剑河县文化馆邀请杨开员担任授课教师。这让他从一名种田的农民，变成了在城里坐办公室、按月领工资的音乐老师。这样的改变，是他过去从来不敢想的。

术业有专攻，把自己的爱好变成一份工作是一件幸福的事情。杨开员不仅会唱民歌，还能吹奏芦笙、表演苗族水鼓舞。多才多艺的他，在文化馆工作可谓如鱼得水、游刃有余。

2009年，杨开员带领三十余人的表演团队，赴北京参加"第五届CCTV舞蹈大赛"，他们表演的《剑河苗族水鼓舞》古朴彪悍、生动活泼，浓郁的乡土气息震撼了所有评委和全场观众，荣获群文组金奖。

再一次凯旋，队员们受到了黔东南州、剑河县领导及乡亲们的隆重欢迎。这不仅使杨开员多了一份自豪感，也使他对自己的工作有了更深的认同。

"我作为鼓手，算是队员们的领路人，一定要发挥好。我把苗族的水鼓舞和木鼓舞进行了融合，鼓点的敲击也更加动感，舞蹈的感染力就更加强烈。"杨开员说道。

近几年来，为了壮大苗族多声部民歌队伍，在县非遗中心的支持下，杨开员在久仰镇开班授课，目前已培训上千人。同时，他还在县城带徒弟十多人，主攻多声部民歌，探寻多声部民歌活态传承、持续发展新路径。

"带了这么多弟子，找到下一代传承人了吗？"采访尾声，记者好奇地问杨开员。

"还没呢！嗓音条件要好，长得要比我帅，还要唱得比我好才行啊，哈哈！"杨开员介绍着他理想中传承人的标准，自己笑得合不拢嘴。

使命在肩——我和我的水道

杨万超：今生我为侗歌狂

康 莉

人物名片

　　杨万超，男，侗族，1938年生于天柱县注溪乡注溪村，1962年毕业于贵州大学，1992年受聘为注溪民族学校教师。杨万超极力倡导民族文化教育，在贵州省内中小学首开侗歌兴趣班，编著了《天柱县乡土音乐教材》，并组建注溪民间山歌文艺队。几十年来，杨万超开展了系列侗歌文化研究，对天柱注溪山歌进行整理，揭开了注溪山歌的演唱艺术之谜，培养了一批又一批传承人，将自己的一

杨万超将自己的一生都献给了民族文化事业，培养了一批又一批传承人

生都献给了民族文化事业。

记者采访杨万超时，老人已经82岁了，但他依然没有停下探索侗歌传承的脚步。"从前年开始，我协助乡中心幼儿园做一个民族音乐进幼儿园的项目，在原来的基础上，编著了一部专门针对幼儿园的教材，前几天才'交卷'。"说起自己的侗歌事业，杨万超脸上都是满足和自豪的神情。

注溪山歌俗称"溜溜歌"，是北侗第二方言区的山歌，是侗族人民在劳动、喜事、闲时等生活场景中逐渐积累形成。它演唱场合自由，表现形式灵活，有独唱、对唱、齐唱。唱法有单声部和多声部两种。溜溜歌与其他侗歌最大的不同就在于，其音域宽广，旋律优美，声音似高山流水、宛转悠扬。2015年，"溜溜歌"成功被评为省级非物质文化遗产。

"注溪山歌是民间的东西，有着自己独特的艺术风格，有着较为完整的曲调结构。任何场合都可以唱，在生活当中可以随时用歌唱来表达自己的心情，在民间有生存力量。"杨万超表示，在家庭和周边环境的影响下，他打小便会唱歌。"如今虽然已经没有那种环境，但是在当地学校的努力下，为学生营造了一个学习民族文化的氛围，注溪山歌也得到了很好的传承。"

杨万超倡导民族文化教育，还要从1959年说起。

彼时，杨万超凭借其音乐天赋，考取了贵州民族学院音乐系附中班，并成为贵州大学毕业的第一批音乐学子。1962年毕业后，他辗转回到了天柱县注溪乡，并在民族学校任代课教师。

音乐的种子已经扎根在他的生命里，他对音乐的追逐从来没有停息。在学校，他开办了一个侗歌兴趣班，利用课外时间教学生唱侗族溜溜歌，将自己每个月仅有的100元工资全花在了教歌上。

没有音乐活动室，这难不住热心的杨万超。天晴时，他把孩子们集中到操场上或田野边学唱歌；下雨了，他把孩子们召集到自己家的堂屋去练大合唱；天冷了，他就让爱人生上大火炉，和学生一起边烤火边唱歌，其乐融融。教学相长，侗族溜溜歌得以全面推广。1997年，在上级部门的大力支持下，注溪民族学校正式挂牌成立了"侗歌班"，学生发展到100多名。

在杨万超组建的侗歌班里，他写了第一首多声部合唱的溜溜歌《齐没扎吊国

使命在肩——我和我的水族

杨万超编著的《天柱县乡土音乐教材》在贵州省史无前例,为民族文化进校园奠定了良好基础(图为杨万超向记者介绍自编的教材)

扎奴》,此歌曲在多次歌唱比赛中都获得了大奖。继而,他又创作了《国喧麻彦嫩巾雷》等多首多声部合唱歌曲,拉开了溜溜歌作为"北侗大歌"的序幕。

2003年,杨万超参加了天柱县文广局普查搜集全县民歌的工作。他走遍全县16个乡镇1000多个村寨,走访了近千位侗族歌师,反复听唱、录音、翻译。忙碌了700多个日夜,杨万超记录整理了300多首优秀民歌、100多种民间曲调,为掌握全县民歌情况提供了一份翔实的资料。

为了使这些侗歌得到传承与保护,杨万超把它们编写成《天柱县乡土音乐教学资料》,作为地方教材供全县120多所中小学的上万名学生使用。2004年,杨万超被天柱县民宗局正式聘为乡土音乐进课堂专职实验教师。此外,他还发表了数篇论文,引起学术界广泛的关注。

"他这辈子为歌而生,为歌而狂,为传歌而活!"杨万超的家人不理解,这样疯狂是为了什么。有时在他编写歌曲时,家人叫他吃饭,他总是摇摇头,再叫,就会生气地把房门一闩,"警告"家人不要再打扰他。因为总是不按点吃饭,杨万超落下了严重的肠胃病。

2011年,杨万超结束了20年的代课生涯,退职在家,虽然年事已高,但他对音乐的热爱却依然不减。写歌、编歌、唱歌依然是他生活的主旋律。逢年过节,他依然会组织注溪民间山歌文艺队表演节目。他甚至还在家开办起免费的民歌培训班,不管什么时候,只要有人前来请教,他都耐心指导。年已六十的杨天敏成为他的第二代传人,薪火相传中又带出了最年轻的第三代传承人龙惠婷。

杨万超表示,未来的民歌传承人要在挖掘、传承、保持原生态的基础上,对歌曲进行整理改编,写出新的歌来,提升歌曲质量和内涵,打造出天柱县的山歌特色,让民族文化艺术得到弘扬。

杨万超那颗火热的民歌心,就这样燃烧在大山深处。

使命在肩——我和我的小康

杨月艳：琵琶歌，我此生最珍贵的财富

康 莉

人物名片

杨月艳，侗族，黎平县尚重镇洋类村人，侗族琵琶歌国家级非物质文化遗产代表性传承人。杨月艳自幼学习侗族琵琶歌，她嗓音条件好，对民族风格把握准确，深受广大人民群众的喜爱。她将演唱与弹奏融为一体，有很强的表现力。她长期担任中学、小学的侗族琵琶歌辅导老师，培养了众多的侗族琵琶歌表演新秀。

"侗家天后的歌声总是那么迷人，百听不厌！"

"从小就听着您的歌声，长大以后您还是依旧年轻美丽，歌声更动人了。"

在黎平县，有一位远近闻名的女琵琶歌师，名叫杨月艳。打开她的抖音平台，她发布的演唱琵琶歌的短视频，每一条都有几百或上千个点赞，网友纷纷留言，表示听她演唱琵琶歌是一种精神享受，她是当之无愧的"侗家第一女琵琶歌师"。

2021年5月23日，记者一行来到黎平县，见到了侗族琵琶歌国家级非物质文化遗产代表性传承人杨月艳。

眼前的杨月艳，娇小可人，一双炯炯有神的大眼睛充满灵气，虽然已经年过五十，但岁月不曾在她脸上留下痕迹。

"大家都说您的面容几十年都不变，还像二十几岁的小姑娘一样，今天终于相信了。"

杨月艳向笔者展示她的琵琶歌歌本,年少成名的她,并没有忘记自己的初心

"老了老了,但是老人说过歌养心、饭养身,一唱起琵琶歌来,我觉得我还是像小时候那样无拘无束,心中只有热爱。"

在与记者闲聊时,杨月艳拿出了几十年来积累的手抄歌本,如今几千首琵琶歌早已深深刻在她的脑海里。

琵琶歌距今已有200多年历史,歌词多是五言、七言体,也有长短句,音韵严格,代表着侗族诗歌的最高水平。琵琶歌通过不同的节奏与唱词,描绘出婚嫁喜庆、美好爱情等侗族人的生活文化。

1977年的一个晚上,寨子里燃起篝火,大人、小孩都聚在一起,听村里的歌师赵学开弹唱琵琶歌。杨月艳也挤在人群中。

"赵老师扛了一个大琵琶,边弹边唱,我觉得他特别有才,唱的歌都特别有道理,当时,我就萌发了一个念头,很想跟他学习琵琶歌。"回忆起最初想学琵琶歌的情景,杨月艳记忆犹新。

杨月艳向赵学开表明了想拜他为师的意愿,赵学开十分高兴,当下便答应了她。

要想学好琵琶歌，得先学会弹琵琶，学会歌词曲调。最重要的是要有个好记性，才能记住歌词。

"不难，我都不觉得难。"杨月艳告诉记者，她只用了三个晚上就学会了弹琵琶的要领，歌词老师唱一遍她就能记住。

作为杨月艳的师父，赵学开不禁称赞她："有天赋，有好嗓音，是个成为歌师的好苗子，非常难得。"

此后的三年间，杨月艳勤学苦练，学会弹唱的侗族琵琶歌多达几十首。在杨月艳13岁那年，村里请榕江晚寨的侗族歌师来唱歌，村民们都挤在村中坪子里，翘首等待歌师。在等待的间隙，有人说："我们本寨不是有个小姑娘会唱嘛，让她先来唱一下。"

就这样，杨月艳第一次被推到大家面前唱歌。年少的月艳一点儿也不惊慌，镇定自若地弹唱了一首有40多韵的侗族琵琶歌，足足弹唱了半个小时。人们都

杨月艳与学生一起演绎琵琶歌

不敢相信，这么长的歌，月艳小小年纪居然唱得一句不落，声音又悦耳，比一般歌师唱得还好，真是了不得！从此，小歌师杨月艳的名声传遍了周边侗族村寨。

二十岁出头的杨月艳已经是真正可以教授徒弟的歌师了，可以说是当地最年轻的歌师。有了名气的杨月艳，收到的演唱邀约不断，北京、上海、香港、澳门等大城市也留下杨月艳演出的足迹。

成为明星歌师的杨月艳，收获了金钱、名誉和老百姓的口碑，而她自己认为最重要的收获是感激与踏实。

没有读过书的杨月艳，在师父赵学开和吴世恒的教导下识字学歌，许多人生的道理都是从歌词中学懂的。

作为琵琶歌非遗传承人，杨月艳脚踏实地做着自己的传承工作。她前后教授了三十余名徒弟，并在尚重中学担任老师，发掘学琵琶歌的好苗子。下一步，她计划把自己所掌握的琵琶歌进行专业录音，分类存档，让更多热爱琵琶歌的人能够有教材学习。考虑到现在黎平县城有许多从乡镇移民搬迁来的妇女姐妹，杨月艳准备开设一个琵琶歌培训班，让大家有一个唱歌的场所。

"做一个知足常乐的人，但行好事，莫问前程。"这句话是杨月艳奉行的人生哲理。如今，杨月艳最爱的事是回到家乡，看着夕阳，唱着琵琶歌，享受当下。

使命在肩——我和我的心道

姚成仁：听"君"知理　编唱人生

王佳丽

人物名片

　　姚成仁，男，1946年10月生，侗族，黎平县水口镇己埃村人。他自幼酷爱唱歌，擅长自编自唱，从1980年开始，创作宣传党的方针政策歌、劝世歌、琵琶歌、侗族大歌、踩堂歌等已有500余首；2008年5月，自编侗歌的精华部分被中国社会主义文艺学会选入《中华精英盛世感言录》，同时被党魂耀中华授予"中华文艺精英"称号。2008年，被黔东南州人民政府评为非遗项目君琵琶传承人；2013年，被贵州省人民政府评为省级非遗传承人。

　　姚成仁的歌确实多，几天几夜也唱不完。他的歌都用侗族传统的"汉字记侗音"的方法写在本子上，记住的随口就唱，一时间记不住的，翻开本子看一看，不会唱错、唱掉，在一些爱好者的帮助下，他出版了《编唱人生》共一千多页的书籍。

　　"这还只是其中一部分。"主编李孝柱认为，他的歌不仅继承传统，而且有创新。看见什么唱什么，感受到什么唱什么，所以才能够做到取之不尽用之不竭，立于不败之地。

　　姚成仁所唱的歌是侗族的一种叙事歌——君琵琶，因用侗族弹弦乐器琵琶伴奏而得名。君琵琶主要流布于贵州省黎平县的肇兴、龙额、水口、尚重、岩洞、茅贡等乡镇的侗族村寨和相邻的贵州榕江县、从江县以及黔、湘、桂交界处的广西龙胜县、三江县和湖南通道县一带的侗族地区，由于土语和唱腔的不同，形成了"六洞弹唱""溶江弹唱""浔江弹唱""四十八寨弹唱""七十二寨弹唱""平架弹唱"等六个风格区。

边弹边唱是姚成仁平素的演出状态,君琵琶陪伴了他一生,也成就了他一生(图为姚成仁弹唱君琵琶)

君琵琶在叙事歌说唱形式里有两种,第一种是演唱者客观地叙唱一事或一物,没有角色对唱,光唱不说,它仅以反映故事梗概的叙事为主,代言为辅;第二种是以第三者视角客观地唱一个故事,其中唱词有人物对唱,这就产生了会话,具有"一人分饰多角"的特点,艺人在表演过程中以带有表演动作的说唱来叙述故事、塑造人物、表达思想感情、反应社会生活,说唱技艺高妙。第二种就是今天黎平侗族常见到的侗族说唱君琵琶。

君琵琶在侗族人民的日常生活中有着"听'君'知理"的教育功能,侗族艺人们在编说唱曲时,把本民族的历史、生产知识、伦理道德、风土人情融进作品里,使听众从中学到知识,懂得道理,受到教育和启发。

君琵琶的传承方式主要是在民间自发组织的爱好者中互相教授,父子或亲属之间并不直接传授。十多岁的时候,姚成仁跟一个本寨叫石德彪的歌师学习侗族歌谣。

几年过去了,姚成仁跟着石德彪学会了如何使用韵律,这是编侗歌非常重要

使命在肩——我和我的水道

的环节，一首歌的成败主要取决于它的韵律。姚成仁大概在二十多岁的时候开始自己编一些情歌，也开始用汉字记录侗音的方式创作一些情歌。

随后，他当过赤脚医生，也做过民办教师，还连续担任过四届黎平县政协委员。

1985年，姚成仁受邀参加贵州省在榕江县举办的"侗族曲艺交流研讨会"，在会上他演唱了琵琶歌《三宝姑娘》和《开口歌》；1990年，他应邀参加了"黎、从、榕三县民族曲艺座谈会"，在会上演唱了琵琶弹唱《劝婆媳》。

也是在那段时间，他开始了在侗族地区走村串寨的歌唱生涯，那时他已经三十多岁。他一边务农，一边趁着农闲时去周边村寨唱歌，请他去的村寨会给他一些稻谷和糖果，这些东西他会卖了换成现金带回家中再购买生活用品。姚成仁每年农闲的时候都出去唱歌，去过榕江和广西的三江。

"要教化人，就先要以身作则，从自己做起。"姚成仁说，在全村经济困难、饮水受限的时代，他自掏腰包，拿出自己唱歌得来的部分积蓄，打了一口深水井

1980年至今，姚成仁创作的歌曲已有500余首，他家里处处都是写歌的草稿（图为姚成仁在翻看歌本）

并修了水池，无偿给大家使用。"以前干旱的时候，村民挑着扁担水桶，到附近的山沟去找水喝，有人走出20多里地挑水。"不少村民回忆起当年吃水的艰苦，直摇头，如今则方便许多。

四十多岁，姚成仁终于成家了，他也基本上安顿下来，他常常把笔和纸放在身上，一边做农活一边记下灵感。

以前的生活虽然清贫，但是姚成仁有了君琵琶的陪伴，似乎也不觉得艰难，他还陆陆续续教会了几个年轻的徒弟。

姚成仁以前是为了生活而唱歌，现在则是为了宣传而唱歌。他的很多创编歌曲都有对反腐倡廉、法律法规、消防意识等的宣传，他对于歌谣的教育意义始终有一种强烈的责任感。

姚成仁爱观察社会也爱反思自我，因为有了这样的经历，他才能写出不少歌曲，成为一位广受敬重的歌师。

使命在肩——我和我的小康

赵成阳：守望瑶族长鼓舞之魂

王佳丽

人物名片

赵成阳，男，瑶族，生于1971年5月，从江县翠里瑶族乡高华村村民，是黔东南州非物质文化遗产瑶族长鼓舞代表性传承人。从小跟随太公习得长鼓舞的赵成阳，为了让村落发展，将原本密传的长鼓舞教授给全村人，他还推动非遗文化走进校园，不断弘扬民族文化，让瑶族长鼓舞这缕瑶族文化之魂扎得更深、传得更远。

自从江县城往东南方向，沿着蜿蜒的山间公路行驶约37千米，记者一行便来到了从江县翠里瑶族乡高华村。村子里安静怡然，只听见村委活动室不时传来"嘣咚、嘣咚"的鼓声，一群小学生正在学习瑶族长鼓舞，他们的老师是村里的非物质文化遗产传承人赵成阳。

赵成阳年近五十，黝黑精瘦，戴着一顶瑶族男式帽子，被孩子们围着。显然，孩子们已经学得熟练，赵成阳却在细节上继续认真地讲授着。志愿者赵春旺在一旁敲打着大鼓，为孩子们的表演伴奏，和小朋友们一样，他也是从小学习着长鼓舞长大的。

不到十年时间，高华村里从年幼的孩子，到大学生，再到中老年人，几乎人人都学会了长鼓舞。这一切，都离不开赵成阳的努力。

"瑶族长鼓舞是我们瑶族文化的魂。"谈及长鼓舞，赵成阳看似一脸平静，语气里却是抑制不住的骄傲。

瑶族长鼓舞的历史悠久，是瑶族民间歌舞的典型代表。据赵成阳回忆，早些年，村里的瑶族长鼓舞是密传的，只有几户人家在传授，并且传内不传外，传男

赵成阳（左）向记者讲解长鼓舞要领

不传女。长鼓舞表演也只有在瑶家"过新年"、农历三月三、六月六、八月十五、十月十六才举行，在十月十六瑶族"盘王节"时最为盛行。赵成阳则是从小跟着他的太公学习长鼓舞。

"长鼓舞对我来说有一种魂牵梦绕的吸引力。"在赵成阳的记忆中，长鼓舞一度是神秘的。他秘密地在家中、在山坡上不停练习，从基本功，到复杂的动作，每一项他都认认真真学，反反复复练，直到把动作做到位，仿佛永远也不会疲倦，有时候晚上做梦也会梦见。功夫不负有心人，赵成阳的努力得到了回报，他的长鼓舞跳得越来越好，也得到家族长辈的认可，成为一名合格的传承人。

然而，掌握了长鼓舞的技法，赵成阳的生活和村中的同龄人似乎也并没有什么不同。高华村地势陡峭，三面环山，全村96户428人，人均耕地面积不到半亩。赵成阳和村里的大多数人一样，没上几年学，便成了家，守着土地当农民。

使命在肩——我和我的水道

2000年，赵成阳担任起村支书，任职期间，他愁坏了头，"一直不知道怎么带领村民走出一条脱贫致富的路"。赵成阳坦言："这里交通不便，连外出打工都非常困难，谋发展更不知如何谋起。"他思前想后，决定从瑶族文化入手，先将自己熟练掌握的长鼓舞教给村民，提升本村的瑶族特色风情。

长鼓舞的击鼓动作大多是表现生产、生活内容，如建房造屋、犁田种地、模仿禽兽动作等，富有生活气息。长鼓舞具有粗犷、勇猛、奔放、刚强、雄劲、彪悍、洒脱等特征，其节奏明快，动作敏捷，不管是跳、跃、蹲、坐，还是旋转、翻扑、大蹦、仰腾，都表现了瑶族人民热情奔放、坚强勇敢的性格特征，反映了瑶族同胞的思想感情和精神追求，具有瑶族独特的民族风格，是值得发扬传承的民族文化之魂。

赵成阳将教大家学舞的想法告诉村民，大家都很乐意。然而长鼓舞分"单人舞""双人舞""群舞"等类型，共有72套表演程式，而每一套又包含"起堂""移堂"等若干动作细节，学习起来并不容易，但这丝毫不影响大家学习的热情

赵成阳为村里的小朋友传授长鼓舞

和坚持，赵成阳教得更起劲了。

2005年，赵成阳组织40多名村民到县里参加歌舞比赛，首次"出山"便得了特等奖，这给了全村人极大的信心，随后，越来越多的人开始学习长鼓舞，妇女们也加入其中。

随着瑶族长鼓舞被越来越多的人知晓，以及民间文化挖掘保护工作的开展，2009年，瑶族长鼓舞被列为省级非物质文化遗产；同年11月，赵成阳被评为县级优秀传承人；2012年9月，赵成阳成为州级代表性传承人。

在政府部门的政策支持下，高华村通了路，加上瑶族长鼓舞和瑶族药浴的"加持"，高华村这方天地越来越受到游客的青睐。现任村支书赵成义表示："未来，游客们可以来高华村泡瑶浴、唱瑶歌、看瑶族长鼓舞，全村大力发展集体验性和观赏性于一体的特色生态康养旅游模式，带动老百姓增收。"

如今，村里已有药浴间改造户60户，农家乐17户，长鼓舞表演已成为常态。赵成阳也在家里经营起客栈，时不时参与长鼓舞的教学工作和比赛的组织、指导工作。

有了非遗传承人的守望，瑶族长鼓舞这缕民族文化之魂，定能扎得更深、传得更远。

使命在肩——我和我的非遗

李会堂：有形传承唤醒无形文化

王佳丽

人物名片

李会堂，男，苗族，1962年出生于丹寨县扬武镇扬颂村，1975年开始跟随父亲及邻近村寨的苗族歌师、理老学习苗族贾理。贾理作为承载苗族同胞精神寄托的一种文化形式，随着经济社会的快速发展，一度面临着失传的局面，为保护这一独特文化，李会堂自1985年开始在民间搜集有关苗族贾理的相关资料，无私提供手稿并积极协助丹寨县文化部门将其翻译整理成册，同时每年开办苗族贾理培训班，教授徒弟十余人，在传承苗族贾理方面作出了突出贡献。2018年5月，李会堂被文化和旅游部评为国家级非物质文化遗产项目苗族贾理代表性传承人。

一节竹筒在贾师面前横放，贾师手中拿着十二支竹签，每诵完一段贾理，就拿出一支竹签搭在面前的竹筒上，放完十二支，就诵完了一组。

这是丹寨县扬武镇扬颂村贾师李会堂颂贾理的场景。作为家族第五代苗族贾理传承人，李会堂从十三四岁开始学习这种非遗文化，经过多年的努力，在将所有的贾理内容记在心中后，父亲上山为他砍来竹子，锯成12根大约40厘米长的竹签，制成贾签，交到了他的手中。那年，李会堂二十二岁。在外行人眼里，贾签只是一套竹签；在当地人看来，贾签是贾师的"从业许可证"。

如今，李会堂通晓《开天立地》《洪水滔天》《葫芦兄妹》《梨果柿树》《妹榜妹留》等贾理内容，并熟练掌握与之相关的全套唱诵仪轨，成为集大成的苗族贾理第五代传承人。

在世俗生活中，贾师有一项重要的职能——调解纠纷。

唱诵贾理是需要持久专注的一件事，李会堂从未觉得困难（图为李会堂唱诵贾理）

"贾理调解"就是贾师作为仲裁者和调解者，以贾理中的人伦之道、规则制度及经典判例为依据，来评判是非、调解纠纷，从而达到化解矛盾的目的。过去，苗族村寨里只要发生婚姻、家庭、邻里等纠纷，都要请贾师来调解。自成为贾师以来，李会堂从未遇到过调解时有人不服贾理的情况。千百年来，当地人正是以对贾理的坚信和遵从，维系了村落的安定。随着时代的发展，法律法规已成为人们共同的行为准则，如今的贾理则更多出现在表演场合。

"汉人离不了字，苗家丢不了理。"通过口头说唱的形式，贾理得以世代相传至今，但是贾理也和世界上大多数口头相传的传统文化一样，濒临失传的境地。为此，李会堂用苗文记录下苗族贾理，使这一口传文本成为文字文本，为传承苗族贾理作出了突出贡献。此外，他还每年举办2期苗族贾理培训班，每期学员8~10名。然而，面对如今只有3名学员学成出师的现状，他也在思量这种非遗文化今后的发展之路，期盼得到更多的社会支持。

得益于有关部门和社会力量的帮助，贾理传承之路不再艰难。在丹寨县多次

使命在肩——我和我的水道

李会堂不断活跃于各个需要贾理的场所,并通过开办培训班等方式传承贾理

举办的万人颂贾大会上,李会堂和当地贾师们登上舞台,带领观众颂贾,时长往往长达一个半小时。李会堂坚信,通过贾师们和社会各界的共同努力,贾理这一优秀的民族文化一定可以很好地弘扬和传承。

石光荣：格哈，跨越时空的对话

王佳丽

人物名片

石光荣，男，苗族，1965年8月生，居住于丹寨县雅灰乡送陇村，传统舞蹈苗族格哈省级传承人。"格哈"汉译为"古瓢舞"，是一种以古瓢琴为伴奏乐器的民间舞蹈。石光荣学习并传承了最为传统的格哈。传承，是非遗传承人与传统文化艺术之间的一场跨越时空的对话。

汽车行驶至丹寨县雅灰乡送陇村时，已经是下午五点多，尽管天色渐暗，但并没有挡住几名游客的热情，他们也是从县里赶来，专门来村里看格哈的。

等村民们穿好百鸟衣、拿起古瓢琴、围圈踩起舞步，游客们赶紧拿出手机拍摄。几名男演奏者手拉古瓢琴在前面跳，后面跟着身穿白羽衣的女性舞队，他们围成圈，沿顺时针方向翩翩起舞。舞步为每节三拍、六个音，左右脚各起三步，也有各起三步后向左或右翻转复踏的，手摆于胸前，做生产劳动的动作。

"演奏一首歌时，按歌词的音调压弦，懂得歌词的人都能听懂弦音，并随着弦音和领舞者（即拉琴领头者）的舞步起舞。"舞罢，格哈省级传承人石光荣说，古瓢琴音色古朴明快，节奏轻快，韵律回旋，舞步轻松自如。

"丹寨苗族格哈，目前仅存于丹寨县雅灰乡的几个寨子，中年男子基本都会演奏古瓢琴，但会演奏的年轻人已寥寥无几了。尤其是近年来，随着外出打工人数逐年增多，年轻人很少接触和学习古瓢琴，逢年过节虽然也有演奏和舞蹈活动，但他们大多是观众，参与者甚少，如再不加以保护，在不久的将来，格哈也将面临失传的风险。"为了传承正统格哈，石光荣热情地教授学生，师从于他的石光林今年也在积极申报县级传承人。

使命在肩——我和我的水道

在石光林身上,我们看到了新一代格哈传承人的特点。他积极搜集格哈老物件,出资筹建了一座新的博物馆,热情地向游客们展示苗族格哈文化,吸引了不少游客。

"格哈始于唐宋之前,在格哈的全盛时期,苗族各支系都有格哈文化。从苗族传说、古歌和格哈歌词来看,格哈是苗族母系社会和渔猎时期的产物,是苗族文化活动的重要内容,也是苗族的精神与文化支柱。"石光林表示,"然而,由于苗族在历史上的长期迁徙,导致几乎所有支系的格哈失传,唯有现居雅灰乡送陇村的苗族支系,因长期居住在深山里,没有与外界交往的条件,也没有其他可供娱乐的乐器和舞蹈,才将格哈文化保留了下来。"

"苗族格哈已被列入贵州省首批省级非物质文化遗产代表作名录,今后我们要让更多年轻人参与到非遗传承中来,让更多的人知道我们的格哈。"石光荣说,近年来,丹寨县积极开展非遗文化进校园活动,他本人也走进雅灰小学等学校,

在丹寨县雅灰乡送陇村,不少游客慕名前来观赏、拍摄古瓢舞,兴起时也加入其中,感受其特有的文化魅力[图为石光荣(左三)为游客表演舞蹈]

格哈舞者仿佛在与历史对话

通过表演格哈,让学生们近距离感受非遗的魅力。

送陇村的村民们也利用自己的特长,逐步把格哈文化发展成了非遗文化产业,走上了脱贫致富的道路。

如今的格哈正焕发出新的生命力,而传承,是今时的传承人与传统文化艺术之间的一场跨越时空的对话。

| 使命在肩——我和我的非遗

姚春秀：让非遗回归生活

王佳丽

人物名片

　　姚春秀，女，侗族，岑巩人，生于1947年2月。作为黔东南州非物质文化遗产思州金钱棍代表性传承人，姚春秀自幼跟随长辈学习思州金钱棍，后又组织金

姚春秀在胡阳舞蹈艺术培训中心教授金钱棍

在岑巩县的许多中小学校园里，常常可以看到思州金钱棍的影子［图为姚春秀（右一）在学校教授金钱棍］

钱棍表演队，总结出一套金钱棍教学方法，编排了思州金钱棍原创音乐和舞蹈，让非遗文化之花在人们的生活中处处绽放。

一根60厘米长的竹竿，两端凿孔，系上结有绣球的红绳飘带，设置铁棒，横挂铜钱。舞动时，铜钱相互撞击，发出"叮呤咣啷、咔嚓、哗哗"等清脆的声音，与伴奏曲调合拍，相辅相成。

这样的声音来自思州金钱棍，足足陪伴了非遗传承人姚春秀65年之久。

从记事起，姚春秀就经常看着爷爷四处表演思州金钱棍。春节、元宵、生日、乔迁、嫁娶……热闹的日子加上讨喜的节拍，金钱棍在年幼的姚春秀心中埋下了种子。

8岁起，姚春秀开始跟随爷爷练习金钱棍。从那时起，她才逐渐知道，这根

使命在肩——我和我的水道

小小的棍子，从宋朝开始兴起，后经各民族相互交流学习并创新，传承至今，已有900多年的历史。打金钱棍的舞姿花样繁多，姚春秀一有空就拿起棍来练习。嫁到金钱棍的发源地羊桥土家族乡后，身边打金钱棍的人越来越多，姚春秀对金钱棍的喜爱也越来越深。

"金钱棍之所以流传这么久，一方面是因为方便，不受场地和人群的限制，另一方面则是因为能锻炼身体，让人丢不开手，是群众喜闻乐见的一项技艺。"姚春秀表示，打思州金钱棍节奏感强，唱词通俗易懂，曲调不高，音域不宽，节奏鲜明，容易入门。她甚至总结出一套基础动作，便于教学。

2000年，姚春秀组织了金钱棍表演队，带出了50多名徒弟。

每天清晨6点，姚春秀便和老伴一起去县城小广场练习金钱棍，有时候需要表演或者比赛，她便到老年活动中心和队友们一起进行"突击训练"。如今73岁的姚春秀，仍精神矍铄，还自己编写了《前朝女将》《十二月花名》《党的政策好》等唱词。

就是构造如此简单的金钱棍，让姚春秀着迷至今

"岑巩人民的爱好，钱棍流传到如今，都把身体来锻炼，钱棍不离我的身……"作为传承人，姚春秀的愿望是让金钱棍走向生活、走向更广阔的天地。

姚春秀说到做到，在她的带动下，岑巩县越来越多的人学会了金钱棍，仅岑巩县城，就有十余支金钱棍表演队。除了在自己队里教学，姚春秀也非常乐意到其他队伍里指导。从早到晚，岑巩县都能听到金钱棍清脆的声音。

在岑巩县的许多中小学校园里，人们也会处处看到思州金钱棍的影子。

"我们学校现在每天第一节课后，学生都要打金钱棍。"姚春秀的孙子陈湘银说，他5岁起便跟着奶奶学习金钱棍，现在是学校里的领舞，在每年校运会比赛中，他次次都是第一，他也想和奶奶一样，做思州金钱棍的传承人，把岑巩这一民间传统文化传承下去。

2015年，思州金钱棍被列入省级非物质文化遗产名录。为了让更多人知道思州金钱棍，姚春秀曾带着队伍去邻近县表演，还受邀到过贵阳、香港等地。而让思州金钱棍走出国门，则是她最后的心愿，徒弟谢芸似乎是她最大的寄望。一代接一代的思州金钱棍传承人，用实际行动把这"棍子里的文化"发扬光大。

第二编 专题报道

使命在肩——我和我的㊉㊊

构建非遗当代保护传承的生动局面
——黔东南州非物质文化遗产保护工作综述

潘皇林

侗族大歌、苗族飞歌、侗族刺绣、苗族蜡染、苗族银饰……

这些丰富多样、具有黔东南鲜明地域文化特色的非物质文化遗产，正被人熟知；这些历史的沉淀、传统文化的基因，也让大众近距离感受到了传统文化的迷人魅力。

而这一切，得益于黔东南在更大范围内、更深层次上开展的保护和传承工作。

面对当代社会的快速发展，非物质文化遗产的保护与传承面临着诸多挑战。

黔东南的经验和做法值得总结和思考。

早起步多措并举让非遗"站起来"

对于非遗保护工作，黔东南起步较早。

"2007年，我们在州级层面成立了黔东南州非物质文化遗产保护中心。"黔东南州文体广电旅游局党组书记范钟声说，2014年，我们又率先在16个县市成立了非物质文化遗产保护中心，为非遗保护工作奠定了坚实基础。

2008年以来，《传统村落保护实施办法（试行）》《关于进一步加强全州非物质文化遗产保护与传承工作的实施意见》等政策性文件先后颁布，进一步保护了民族文化生态环境，有效地促进了非遗保护传承发展。

目前，黔东南共计收集到非遗线索5100条，成功申报国家级非遗名录53项

72个处、省级名录218项306个处、州级名录329项416个处、县级名录1590项。

特别是2009年9月30日,侗族大歌成功申报人类非物质文化遗产代表作名录,实现了贵州省申报人类非物质文化遗产代表作名录零的突破,对黔东南州社会、经济、文化发展产生深远影响。

因起步早、成绩突出,黔东南州非物质文化遗产保护中心被评为"全国非物质文化遗产保护工作先进集体""全省非物质文化遗产普查工作先进集体"。

重传承以人为本让非遗"传下去"

"非物质文化遗产具有活态传承性,其核心保护对象是传承人。"州非物质文化遗产保护中心主任粟周榕说,"经过努力,当前我州形成了四级非遗项目代表性传承人认定体系。"

全州民间艺人通过职称评审取得相应专业技术职务任职资格526人,其中高级172人、中级254人、初级100人。

凯里学院、黔东南民族职业技术学院连续5年开展传承人群培训33期2350人,各种延展培训达30000余人。

2019年底,黔东南共有48人入选国家级非物质文化遗产代表性传承人,139人入选省级、294人入选州级、4013人入选县级传承人。

真金白银投入非遗传承保护。黔东南将州级非物质文化遗产项目代表性传承人补助经费列入州级财政预算,累计补助非遗传承人传习补助资金908万元,补助民族文化传承五年制大专班经费近1000万元。

搭载体走出"深闺"让非遗"活起来"

非物质文化遗产不应成为只放在博物馆里的活化石,走进现代生活才是其长远传承、真正活下来的方式。

"坚持传统是根本,不断创新是关键。让'旧艺'穿上'新衣',才能让非遗融入时代之中,绽放光彩,焕发生机。"州文体广电旅游局局长王建华介绍说。

政府先后建立国家级非遗生产性保护示范基地3家、省级21家、州级15家、县级48家。基地强大的非遗产品研发设计、市场拓展能力,有效实现了社会效益和经济效益最大化。

譬如，丹寨县国春银饰有限责任公司，2019年实现销售额超过1800万元，累计传承带徒135人，辐射带动农户、贫困户316人就业，使当地人均年增收2万元，有效助力当地脱贫攻坚。

苏工美院、深圳非遗生活有限公司、北京服装学院等单位共建传统工艺工作站，推动传统工艺融入现代生活，切实带动非遗传承人群增收脱贫。

丹寨县万达非遗小镇、黎平县茅贡非遗创意小镇等一批非遗小镇在州内建成，为非遗保护、传承、展示、利用提供了平台。

在更广阔的乡村，建有88个非遗保护传承发展示范村、100个侗族大歌保护传承发展示范村、86个州级非遗保护传承教育示范基地、94处非遗传习中心（传习所）、5个非遗村落、93处非遗扶贫就业工坊、5个非遗工作指导站……

善宣传多种传播让非遗"走出去"

黔东南非遗作为中华优秀传统文化的组成部分，在国内外传播中崭露头角，成为传播中华文化、贵州和黔东南民族文化的一张亮丽名片。

2015年5月，黎平县民间歌队赴德国莱比锡参加"侗族大歌专场音乐会"；2017年，苗族刺绣、侗族刺绣、苗族蜡染等项目代表性传承人随国务院副总理参加"第五次中英高级别人文交流机制·中国传统手工艺文化英国行活动"等。

多部专题片在中央电视台多个频道上播放，《仰欧桑》《行歌坐月》等一批本土题材影视剧和宣传片问世，《黔东南非物质文化遗产集锦》等一系列精品书籍出版。

同时，有关部门每年组织传承人参加中国深圳文化产业博览会、中国成都国际非物质文化遗产节、杭州非物质文化遗产博览会等展示展演，连续举办"中国传统村落保护·黔东南峰会""中国民族文化旅游·黔东南峰会"等大型活动，进一步展示黔东南州丰富多彩的民族文化。

非遗是活着的历史，它承载着过去，也昭示着未来。随着黔东南民族文化生态保护实验区的不断建设，黔东南州非遗保护和传承的基础设施必将更加完备、服务更加齐全、合理利用成果更加丰富。

为非遗赋能　为扶贫助力

——2020年黔东南民族文化生态保护实验区非遗大集市暨非遗扶贫就业工坊展示展销活动综述

康　莉

带走一个栩栩如生的黄平苗族泥哨，与孩子一起探索悦耳的音阶；换上一身高雅的苗族蜡染服饰，与友人一起展示民族的时尚；戴上一条精美大气的苗族银饰项链，与爱人一起感受苗家的艺术……

2020年7月3日至5日，黔东南民族文化生态保护实验区非遗大集市暨非遗扶贫就业工坊成果展示展销活动在丹寨县万达小镇成功举办。

停下脚步，用心灵去寻找非遗。"原来，非遗是如此闪耀，是如此之近。"这是参与此次活动大多数游客的感受，这次活动也让更多人了解到扶贫就业工坊这种非遗扶贫形式。

让非遗与扶贫有机结合

非遗扶贫就业工坊是我州非遗助力精准脱贫的中坚力量，工坊提倡居家就业、就近就业，这符合黔东南广大非遗传承人群的就业需求，大批群众在非遗扶贫就业工坊、非遗企业的有力带动下实现了居家就业增收。

为全面贯彻落实中央决策部署，打赢新时期脱贫攻坚战，按照《国家级文化生态保护区管理办法》《文化和旅游部办公厅、国务院扶贫办综合司关于推进非遗扶贫就业工坊建设的通知》等文件要求，我州深入推进"非遗+扶贫"工作，巩固非遗助力脱贫成果。结合黔东南国家级文化生态保护实验区评估验收工作实际，省文化和旅游厅指导，州文体广电旅游局牵头，协调州工业和信息化局、州非物质文化遗产保护中心、丹寨县人民政府、丹寨万达小镇共同策划组织了本次活动。

《文化和旅游部办公厅、国务院扶贫办综合司关于支持设立非遗扶贫就业工坊的通知》要求各地鼓励和支持在旅游景区、历史街区、步行街等设立非遗工坊产品展销窗口，鼓励结合互联网电商平台和各类商场，加大非遗工坊产品的线上线下展示和销售力度。2020年6月12日，省文化和旅游厅、省扶贫办公布了贵州省第一批非遗扶贫就业工坊名单，我州有83家工坊入选，占全省就业工坊总数的48%。

州文体广电旅游局根据入选工坊情况，认真遴选组织数十家工坊、非遗企业负责人和非遗传人，携带刺绣、蜡染、银饰、编织、石砚、民族药品等共计3万余件（套）作品及商品参加了本次展示展销活动。

据统计，本次所有参展工坊在2019年共吸纳就业人口超过2万人，其中贫困人口5000余人，产值总和达2.5亿元。

让非遗产品焕发市场活力

如何才能激活非遗产品的市场活力，从而推动产品转化助力非遗扶贫？

本次活动充分利用丹寨万达小镇现有的场地、自媒体、户外媒体、"网红"直播、景区游客等资源，开展线上线下宣传营销，助力非遗传承与发展，实现生产与消费的良性循环。本次活动作为丹寨万达小镇3周年庆典系列活动之一，旨在为黔东南非遗扶贫就业工坊及各非遗匠人搭建展示、展销、交流平台，不断推动非物质文化遗产创造性转化和发展，助力非遗经济有序复苏，振兴传统工艺，加快推进我州民族文化特色产业发展。

活动前期，主办单位通过官方微信公众号、抖音、快手等宣传媒介及丹寨万达小镇合作媒体广泛宣传本次活动，积累了大量人气。活动期间，州文体广电旅游局和丹寨万达小镇邀请"网红"在抖音、快手等新媒体平台上进行现场带货直播，全方位宣传展示了我州丰富的非遗资源和众多富有民族特色的手工艺品。

据统计，本次活动参展非遗扶贫就业工坊及非遗企业累计销售民族工艺品4688件（套），销售额超过105.1万元，其中线下销售7.74万元，线上销售61.8万元，签订订单35.6万元。

同时，此次活动的成功举办，还为丹寨万达小镇建设全国示范非遗小镇提供助力，为文旅融合发展提供优秀的实践案例。

使命在肩——我和我的小康

发展非遗游　共享新生活
—— 中国丹寨非遗周、黔东南州第十一届旅游产业发展大会侧记

王佳丽

2020年10月中旬，正值深秋时节，微凉的天气丝毫没有影响游客游玩的热情。体验非遗项目、观看非遗演出、品尝特色美食……在丹寨万达小镇举办的中国丹寨非遗周、黔东南州第十一届旅游产业发展大会等系列活动，吸引了不少人气。

宝物集结上演非遗盛宴

从丹寨万达小镇尤公广场到苗年广场、鼓楼广场、锦鸡广场，沿途可见9个"非遗驿站"。作为"黔地守艺——贵州传统工艺展"的室外部分，驿站以贵州省9市（州）命名，每站有各市（州）非遗传承人现场展示各地最具代表性的1至2个非遗项目，让游客进一步了解贵州非遗和相关旅游资源。

展览通过设立以"蜡染日""银饰日""竹编日"等为主题的非遗互动体验项目，提供半成品材料供游客互动体验，让游客充分感受非遗魅力。展览的终点是丹寨万达小镇会议中心的展厅，面积不算太大的展厅内汇聚了苗族银饰锻制、古法造纸、水族马尾绣、布依族服饰等23个非遗项目。

此外，黔东南州苗侗医药文化展、吃新节长桌宴、黔东南民族文化生态保护实验区第二届传统戏剧展演、多彩贵州非遗周末聚走进中国丹寨非遗周演艺活动轮番登场，联袂奉上一场非遗盛宴。丰富多彩的活动，让每一个参加中国丹寨非遗周的嘉宾和游客感叹"不虚此行"。

凯里的王女士陪家人又一次"打卡"丹寨万达小镇，她说："我上周就来过一次了，还想再来体验长桌宴，看看精美的非遗展品，同时我也想让我的孩子了解我们的非遗文化。"

"大咖"云集探索融合发展

除了丰富的非遗活动，在万达小镇还举办了一系列探索融合发展的会议，如中国非遗与旅游融合发展论坛、全州文化旅游产业扶贫观摩会、全州文化和旅游产业发展大会推介会等。业界专家、学者齐聚丹寨万达小镇，共同探讨非遗与旅游融合发展，碰撞出了不一样的火花。

与会人士纷纷表示，推动非遗与旅游融合发展，既能充分发挥旅游业的独特优势，促进非遗保护、传承和振兴，又能为旅游业注入优质文化内容，为旅游业高质量发展注入强大动力。

黔东南非遗与旅游融合发展空间巨大，但也任重道远。如何用好自然生态推动创新性发展，实现脱贫攻坚和乡村振兴的有效衔接，是黔东南文旅融合高质量发展面临的重大课题。

近年来，我州借力"千村百节"，激活非遗节事旅游；不走寻常路，打造非遗主题旅游线路；探索新型旅游方式，大力发展非遗研学游。旅游业为黔东南非遗提供了价值转化的主渠道，非遗已成为打造黔东南特色旅游的大资源。我州应依托非遗助推旅游发展，推动全州文化旅游经济持续向好，着力把黔东南打造成国内外知名民族文化旅游目的地。

据统计，非遗周举办期间，丹寨万达小镇共计接待游客26万余人次，同比增长88%，实现营业收入276万元，同比增长184%，实现旅游综合收入1.87亿元。小镇内非遗商户、酒店和客栈收入均同比大幅增长。

释放潜能助力脱贫攻坚

黔东南州拥有丰富的非遗和旅游资源，这为"非遗+旅游"融合发展助推脱贫攻坚提供了坚实的基础。近年来，黔东南州委、州政府在贯彻实施国家脱贫攻坚战略的过程中，因地制宜，不断探索，敢于实践，以"非遗+旅游"发展模式为抓手，不断推动非遗与旅游融合发展，我州涌现出一大批"非遗+旅游"助推脱贫的典型案例。

凭着自己的努力和对侗族传统技艺的热爱，黎平县肇兴侗寨的陆勇妹先后成立了专业合作社和侗品源公司，在传承非遗的同时，她不忘产品的研发与创新，带动大家创造了经济价值，公司带动全县17个乡镇2000多名绣娘致富增收。

被誉为"侗乡小百灵"的从江县小黄村的侗族妇女贾美兰，在参加CCTV歌唱大赛获得"歌王人家"奖后，组织带领家人开办了"歌王人家"农家乐，随着到小黄村旅游的中外游客越来越多，贾美兰开办的农家乐成了小黄村的致富典型，发挥着积极的示范效应。

…………

一个个"非遗+脱贫"典型案例，不仅为高质量打赢脱贫攻坚战、助力乡村振兴凝聚更大的力量，还让更多的非遗传承人通过"非遗+旅游"模式增收致富，增强了他们对非遗保护和传承的自觉性和自信心。

随着"2020年贵州秋冬季非遗旅游"活动的启动，我州将继续依托非遗助推旅游发展，持续提升"民族原生态·锦绣黔东南"的知名度和美誉度，进一步深化旅游扶贫"造血"功能，助力决战脱贫攻坚。

让非遗绽放新光彩

——黔东南非遗助力文旅融合和脱贫攻坚综述

潘皇林

黔东南是名副其实的非遗大州。近年来，黔东南州大力开展非遗保护和传承工作，依托丰富、优质的非遗资源，积极促进非遗与旅游"联姻"、与脱贫"连线"，让非遗释放活力、尽显魅力。

非遗为锦绣黔东南添彩

侗族大歌、苗族飞歌、侗族刺绣、苗族蜡染、苗族银饰……

这些丰富多样、具有黔东南鲜明地域文化特色的非物质文化遗产，正被国内外的观众和游客熟知；这些历史的沉淀、传统文化的基因，也让大众近距离感受到了传统文化的迷人魅力。

而这一切，得益于黔东南在更大范围内、更深层次上开展的保护和传承工作——2012年12月，文化部批复设立的黔东南民族文化生态保护实验区，是目前全国23个国家级文化生态保护区之一，也是贵州省唯一的国家级文化生态保护区。

在非遗保护和传承方面，黔东南起步较早：2007年，在州级层面成立了非物质文化遗产保护中心；2014年，率先在县级层面成立了非物质文化遗产保护中心；2012年以来，先后出台《关于进一步加强全州非物质文化遗产保护与传承工作的实施意见》等政策性文件；2016年以来，将州级非遗项目代表性传承人补助经费由每人每年3000元提高到5000元；2019年，非遗数字化著录与存储系统投入使用，系统覆盖全州16个县（市）。这些举措，有效地促进了黔东南非物质文化遗产的保护、传承、发展。

黔东南非遗作为中华优秀传统文化的组成部分，在国内外文化传播中崭露头角，成为传播中华文化、贵州和黔东南民族文化的一张亮丽名片。

2010年，黎平侗乡的19名青年男女站在了世界顶级音乐殿堂——维也纳金色大厅的舞台上演唱侗族大歌；2015年，黎平县民间歌队赴德国莱比锡举行侗族大歌专场音乐会；2018年，侗族大歌歌队随贵州省旅游文化代表团到意大利米兰演出；2017年，苗族刺绣、侗族刺绣、苗族蜡染等项目代表性传承人随国务院副总理参加"第五次中英高级别人文交流机制·中国传统手工艺文化英国行活动"。

非遗为文旅融合赋能

"推动非遗与旅游融合发展，充分发挥旅游业的独特优势，为非遗保护传承和发展振兴注入新的、更大的内生动力。"2018年6月，时任文化和旅游部部长雒树刚在全国非物质文化遗产保护工作先进集体和先进个人座谈活动上作出了精准研判。黔东南州很快投入到相关实践中去。

借力"千村百节"，激活非遗节事旅游。黔东南州每年有各种民族节日390余个，黔东南州通过"政府主导、民间主办、社会参与"的方式，打造出"千村百节"系列节庆品牌。2019年，黔东南州依托各类民族节庆活动，实现旅游收入211.37亿元，"千村百节"已成为黔东南州亮丽的旅游名片。

走不寻常路，打造非遗主题旅游线路。黔东南州依托非遗传习基地、扶贫就业工坊等，推出了"苗疆非遗研学主题体验走廊"和"百里侗寨非遗主题体验走廊"两条精品路线，涉及人类非遗代表作1项（侗族大歌）、国家级非遗项目44项、省级非遗项目157项、非遗小镇2个、州级以上非遗示范基地31处、非遗展示馆10个、非遗传习基地（所）20处，为游客提供节气农事体验、传统饮食制作体验、传统手工艺制作体验等具有本土文化特色的服务类产品。

探索新型旅游方式，大力发展非遗研学游。非遗主题研学游是新兴旅游模式。黔东南州相关部门通过充分调研，精心策划，重点打造了丹寨万达小镇、雷山麻料、台江红阳、黎平肇兴等一批非遗研学体验点。其中，丹寨万达小镇将丹寨7个国家级非物质文化遗产项目和16个省级非物质文化遗产项目全部引入其中。随后，中国非遗文创孵化中心、首届中国非遗文创节、2020年黔东南非遗大集市等也相继落户小镇，极大地丰富了游客的文化观赏体验。

非遗为决胜脱贫献力

以传统工艺类为代表的非遗项目与人民群众生产生活密切相关，具有促进就业增收的潜能。黔东南州因势利导，创新举措，不断推动"非遗+扶贫"向纵深发展。

2018年5月，黔东南州以传统工艺为重点，对全州非遗资源进行了系统梳理，重点选取面广量大、从业人员较多、适于带动就业、有市场潜力的项目编入《黔东南州传统工艺振兴目录》并报文化和旅游部审核，最终共有苗绣、侗族刺绣、苗族蜡染技艺等11个项目入选《中国传统工艺振兴目录》，成为全国重点支持项目。

2018年7月，黔东南州雷山县成为全国十大"非遗+扶贫"重点支持地区之一。黔东南州以此为契机，乘势而为，以点带面，先后指导雷山、丹寨、从江、榕江、黎平等国家级贫困县建成105个非遗扶贫就业工坊。通过两年的建设，黔东南州涌现出了丹寨县国春银饰有限公司、施秉县漯水云台旅游商品有限公司、黎平县侗品源旅游商品服务有限公司等一批带动性强的非遗扶贫就业工坊。据统计，2019年黔东南州非遗扶贫就业工坊产值超过2.5亿元，吸纳就业超过2万人，其中贫困人口5000余人。

附录

使命在肩——我和我的非遗

听陈专家聊非遗

康 莉

"小康妹,告诉你一个好消息!我终于入选黔东南州非物质文化遗产专家库了。"

"恭喜您,陈老师,以后可以叫您陈专家了!"

2022年3月的一天,雷山县非物质文化遗产保护中心的陈艺,给我发来微信,第一时间与我分享了这个好消息。

2021年5月,我们准备去雷山县郎德镇上郎德村采访嘎百福省级非物质文化遗产代表性传承人陈正仁,雷山县非物质文化遗产保护中心的陈艺负责我们那次雷山采访的对接工作。

我们加了微信之后,陈艺积极主动地与我沟通采访事宜,同时也给我介绍了很多传承人陈正仁的事迹,以及嘎百福的相关知识,让我对传承人及嘎百福有了初步的了解。

说实话,虽然拜访了那么多非遗传承人,接触了各种各样的非遗项目,但是隔行如隔山,我对非遗的认知还是非常浅薄的。

一路走来,我结识了许多非遗工作者,他们有些人从参加工作起就从事非遗相关的工作,也有部分是半路转行的,但他们都很专业,给予了我很多帮助。

其中,令我印象最深的还是陈艺。他除了热爱非遗传承保护这份工作以外,自己也生长在一个非遗世家的环境中,他是嘎百福省级非物质文化遗产代表性传承人陈正仁的侄子。

陈艺从小生活在雷山郎德苗寨,以前没有电视机、手机这些现代化的电子产品,他就听着苗族寨老们讲民间故事,看着苗族妇女们做苗族服饰,跟家人开秧门、关秧门、吃新、过苗年、过鼓藏节，跟伙伴们去看爬坡节等，一年四季都过得很充实，也很开心。他说，那时候还小，感觉过这样的生活很幸福，但是不知道这些生活中的场景其实都是非物质文化遗产。

是啊，在我们黔东南州这样一个少数民族地区，非遗确实跟我们的生活有着密切的联系：穿的苗绣衣服，戴的银首饰，吃的酸汤鱼……这些都是我们的非遗项目。在一代代非遗传承人和社会各界的努力下，这些非遗项目已经创新发展并走向市场，有的已经成为当地行业的知名品牌。

通过创新发展，许多非遗项目逐渐具备了很好的产业发展前景与空间。非遗保护的终极目的是让非遗项目重焕生命活力，使之在今天乃至未来能够继续服务于人们的生活。对具有产业潜力的项目，应该好好挖掘其潜力，使之在当今形形色色的产业大军中凭借独特的文化内涵脱颖而出。

陈艺生活的郎德上寨，1987年开始实行对外开放，发展文化旅游产业，这为郎德之后的经济、文化、教育等发展奠定了坚实的基础，提供了巨大的动力。五湖四海的游客慕名而来，各级文化主管部门、高校及研究机构的专家、学者前来考察、调研苗族文化，这引起了陈艺的注意。那时的他，心中有了要成为像他们一样的专家、学者的远大理想。做个能为家乡做点贡献的文化人，成了他的初心和使命。

从达地民族小学附中的美术老师转行到雷山县非物质文化遗产保护中心工作，从文化艺术教学培训、文艺创作、苗族文化研究，到非物质文化遗产传承、保护、研究、开发和利用等，陈艺在文化系统深耕已有20个年头。

除了工作之外，陈艺还有苗族音乐创作等方面的一些兴趣爱好。他说，他的创作都是从现实生活中汲取灵感。他的本职工作是与非遗传承人接触、沟通，他可以从非遗传承人身上、从他们讲的故事中得到创作的灵感和源泉。从一个非遗文化工作者的角度出发，工作和创作是相通的，工作也是创作，创作也是工作，二者没有矛盾，而且相得益彰。

能做一个与自己爱好相关的工作是一件特别幸运的事情，陈艺就是这样一个幸运的人吧，但幸运与努力是分不开的。

独立完成"中国苗族银饰之乡——雷山县西江镇"和"中国苗族歌舞之乡——雷山县郎德镇郎德上寨"两个国家级民间文化艺术之乡的项目申报工作，

并获得文化部命名授牌；独立完成"中国苗族银饰之乡——雷山县"一个国家级民间文化艺术之乡的科研项目申报工作，并获得文化部命名授牌。

与黔东南州文化研究所合作完成了国家级非遗项目"苗族嘎百福""苗族仰阿莎"的申报前期准备工作——田野调查、录音、翻译、资料收集和整理，后由黔东南州文化研究所申报非遗项目，并获得文化部通过公示。

独立完成《郎德苗寨的故事》的翻译、收集、整理、修改等工作。

…………

陈艺取得的这些专业成果，为他入选黔东南州非物质文化遗产专家库打下了坚实的基础。

作为一名非遗文化工作者、文艺爱好者和非物质文化遗产专家，陈艺感到无比高兴和自豪，也深感责任重大、使命光荣。同时，他也有一些自己对非遗工作的独到见解。

"小康妹，你觉得非遗是什么？"

"我觉得非遗是个人的、民族的、国家的、世界的文化宝贝。"面对陈艺的突然提问，我这个门外汉一时之间不知如何作答。

"你说的对，非遗是古老的、年轻的、现在的、未来的、长期的，而不是短暂的。"接着，陈艺向我列举了他所理解的非遗：

一、非遗项目之间相互联系、相互依存。

二、非遗具有民族特色、地域特征和地域属性，不能因创新而丢掉这些特征、属性。

三、非遗需要感情投入、政策支持、资金投入、人才支撑。

四、非遗需要秉持科学态度、遵循科学规律，不可胡编乱造、丢三落四。

五、非遗需要通过保护、传承、研究、合理开发和科学利用做成产业，不可闲置、破坏。

六、非遗是文化富矿，也是濒危资源，必须做到加强保护、有效传承、合理开发、科学利用，实现可持续、高质量科学发展。

听了陈艺对非遗的见解，我深受震撼，专业的事还得让专业的人做。而我们记者能做的，就是找到这些非遗工作者、非遗传承人，把他们正在做的事记录下来，让更多的人了解他们的努力与付出，了解他们的目标与愿望，给他们以关注和支持。

　　陈艺说，接下来，他会继续深入民间调查、咨询、了解目前非遗传承、保护、研究、开发、利用的现状和存在的问题，研究解决办法和对策，同时建议：一是加强非遗传承人与各行业、各单位的交流与合作，避免无场地、无生源、无传承、无业绩的尴尬局面；二是加强非遗研究团队、非遗工作者、非遗传承人、非遗学员、非遗产品营销团队等非遗人才队伍建设，确保人才支撑，为非遗事业发展奠定良好的人才基础。

　　陈艺的非遗专家之路业已起步，而我探寻非遗的脚步自然不敢停歇。非遗之路，愿更多像我们一样的人，携手前行，永不停步！

使命在肩——我和我的非遗

也谈非遗传承与文化自觉

王佳丽

> 文化自觉是指生活在一定文化中的人对其文化有"自知之明",明白它的来历、形成过程、所具的特色和它发展的趋向……文化自觉有利于加强对文化转型的自主能力,拥有作出适应新环境、新时代的文化选择的自主权。
>
> ——题记

关于非遗传承保护和文化自觉的话题,自20世纪末以来总有人谈起。费孝通先生于1997年在北大社会学人类学研究所第二届社会文化人类学高级研讨班上,首次提出了"文化自觉"概念,此概念后来成了非物质文化遗产保护和开发工作的重要理论依据之一。

在如今的黔东南,已经有无数人接触到了本土文化以外的文化,甚至走出国门接触了多元的世界文化,与此同时,他们也越来越感受到黔东南非遗文化对于其他国家和地区的影响力和吸引力。正是在这个过程中,一份文化自觉在许多黔东南人的心中逐渐成型。

当下,对于非遗的保护与传承来说,秉持这样一份自觉尤为重要。

传播的自觉——凝聚关注的力量

应该说,歌曲也好,舞蹈也罢,黔东南已经有越来越多的非遗走出国门,这对于普及非遗知识,让世界更好地了解黔东南,起到了至关重要的作用。

国家级侗族大歌项目代表性传承人吴品仙,把教歌作为一生的追求,在她的学生中,有一位"洋学生"——澳大利亚墨尔本大学博士英倩蕾。

"小英说她想跟我学歌,就算她是外国人,我也教。只要热爱、想学,我都教。"吴品仙在接受采访的过程中介绍，她作为歌师，深知文化传播的重要性，因此欣然同意了收英倩蕾为学生。而英倩蕾为了研究侗族大歌，与村民们同吃同住同劳动，在三龙侗寨生活的18个月里，她不仅学会了一口流利的侗话，会唱30多首侗歌，还写出了十多万字的题为《21世纪山村侗族大歌》的博士论文。

2017年，在英倩蕾的"牵线搭桥"下，包括吴品仙在内的6名侗族歌师走出国门，在悉尼音乐学院与澳大利亚土著歌手首次同台演出，展示了各自原汁原味的家乡之歌。

与此同时，为了更好地提升传播效果，越来越多的非遗传承人选择借助新媒介手段提升传播覆盖率，他们以高度的自觉，实现了传承和传播的"双轮驱动"。

保护的自觉——留住文化的根与魂

近年来，黔东南州持续加大对非遗的保护力度。令人印象深刻的是，很多传承人也自觉地将歌本或者戏本搜集保存起来，用自己想得到的方式留住文化的根与魂。

其中，最让我记忆犹新的是榕江县的非物质文化遗产项目《珠郎娘美》省级代表性传承人石云昌。

1980年至今，石云昌不仅每周义务到八匡村加利小学给学生上两节侗戏、侗族琵琶歌、侗族大歌等民族文化课程，还利用农闲时间深入各村搜集侗戏、侗歌等，并将搜集到的侗戏、侗歌资料制成光碟。2000年，他组织乡亲将被列入国家级非物质文化遗产保护名录的侗戏《珠郎娘美》民间剧本译成汉语并拍摄成6集侗戏电视连续剧，引起了社会关注。

"拜了6个戏师，花了6万块钱，请了20多个演员，跑了3县7个村，就是要把《珠郎娘美》这出戏拍下来。"回忆往昔，石云昌还是很激动。彼时，他因为做生意赚了些钱，就想着把打小就喜欢的侗戏《珠郎娘美》拍下来，让整个侗族地区的人都能看上。那时，家里没有电脑，就从湖南购入；自己不懂戏剧，请了周围出了名的老师指导；演员们误工了，一天还得付给他们50块钱误工费。

这，也许就是所有传承人都饱含的非遗情怀。文化遗产保护的方式本就多种多样，在政府主导的"润物无声"中，传承人对非遗的自觉保护意识也不断增强。

守望的自觉——文化薪火世代相传

　　黔东南的气质,有一大半是非遗给的,而非遗的存在,离不开传承人的守望。

　　在采访过程中,我们发现,很多传承人都是从小受到祖辈和父辈的熏陶,耳濡目染成为非遗传承人的。

　　黄平县谷陇镇有个苗寨名叫浦江村,村子里家家户户都会制作芦笙,该村镰刀湾附近的芦笙制作世家更是远近闻名,其产品除了供应当地苗族同胞外,还销往凯里、台江、雷山、镇远、施秉等周边县(市)。石国周便是该家族的第八代传人。

　　多年来,石国周一心扑在苗族芦笙制作技艺的研究与创新上,"因为制作芦笙辛苦,也赚不到多少钱,村子里很多的年轻人都不愿意学,都外出打工,现在村里只有几户人家仍在坚持。"石国周说,为了传承芦笙技艺,在黄平县文体广电局的组织下,他充分利用自身掌握的技艺,通过传、帮、带的方式开展传承培训,除自己的两个儿子外,该村已有7个年轻人成了他的学徒,且都掌握了该项制作工艺的全部流程,每人每月有2000余元的收入。

　　传承人的生活大多不富裕,他们也许一开始只是单纯地"不想让这门技艺在自己手中失传",后来慢慢地意识到"这是我们民族和我们黔东南的文化,一定要好好传承"。无论怀揣着怎样的心理,一心一意地做好一件事是他们共同的写照。

　　他们——传承者,是非遗技艺的自觉守望者,是真正的朝圣者。

后记

"贵州非遗保护工作充满活力，富有创新性，走在了全国前列。"2022年全国两会期间，清华大学美术学院艺术史论系主任、教授，我国知名非遗专家陈岸瑛这样描述他对贵州非遗保护工作的印象。

近年来，黔东南州以《国家级文化生态保护区管理办法》为指导，围绕"遗产丰富、氛围浓厚、特色鲜明、民众受益"的建设总体目标，扎实推进黔东南民族文化生态保护实验区各项建设工作，取得了阶段性成果。经过两年多的努力，《使命在肩——我和我的非遗》一书终于得以付梓出版，我们给本书取此书名，一因本书展现了在各级政府有关部门的指导、关怀和帮助下，合力做好黔东南州这些弥足珍贵的非遗项目的保护、传承和开发工作，是一项刻不容缓的艰巨任务与使命担当；二是希望更多的读者和广大非遗爱好者，通过本书了解到做好非遗保护工作的重大意义和历史价值，自觉担当起传承非遗文化、建立文化自信、促进文化自觉、助力民族文化振兴的责任。

从2020年8月20日至2021年7月4日，历时近一年时间，我们的采访团队与黔东南州非物质文化遗产保护中心及州内16个市（县）非遗部门的有关同志深入沟通交流，选择、确定要采访的非遗项目传承人，以此深入挖掘、宣传黔东南州民族歌舞、戏曲、民间文学等一批核心非遗项目代表性传承人的故事，展示黔东南民族文化生态保护实验区建设取得的优秀成果。为了求实求真，我们驱车、步行、翻山越岭，来到他们所居住的村落，零距离切身感受他们的非遗传承环境，同时查阅相关资料，确保记录的故事有史有据，兼具知识性和史料价值。

使命在肩——我和我的（非遗）

此批采访的非遗传承人，以传承文化艺术类非遗项目者为主。通过采访交流，我们从这些传承人身上感受到坚定的文化自信。他们坚守本心，耐住寂寞，几十年如一日，用心、用情保护、传承和开发非物质文化遗产，挖掘其丰富内涵，使之绽放出更加迷人的时代光彩。

采访中，他们有的毫无保留地为我们提供文字、图片资料；有的现场为我们表演歌舞，以方便我们拍摄实录；有的不厌其烦地向我们讲解非遗项目的传承历史……我们被这些传承人的直率与纯朴深深打动，向他们致以诚挚敬意。

在台江县方召乡反排村，反排木鼓舞国家级非物质文化遗产代表性传承人万政文，带领我们参观了他新修建的反排木鼓舞传习所。当我们得知这个传习所的修建资金是万政文多年的积蓄时，我们的内心涌出深深的感动。文艺塑造人心，像万政文这样不为名利，有信仰、有情怀的非遗传承人，值得我们敬仰。

在雷山县郎德镇上郎德村，嘎百福省级非物质文化遗产代表性传承人陈正仁，给我们讲述了嘎百福的传承故事，为了将嘎百福发扬光大，他和他的父辈、祖先一守就是一辈子，一传承就是几代人。从陈正仁的身上，我们懂得了每个时代的传承人有每个时代的使命，传承从来不需要想起，因为永远也不会忘记。

近两年来，国家印发《关于进一步加强非物质文化遗产保护工作的意见》《关于推动非物质文化遗产与旅游深度融合发展的通知》，这充分体现了党和国家对非遗保护传承工作的高度重视，也赋予了非遗工作者新时代的使命担当。

一路走来，我们的采访离不开黔东南州各县（市）非遗工作者的热情帮助。他们为我们提供了不少珍贵的资料。不仅如此，我们每到一县（市），当地的非遗中心领导或工作人员都全程陪同我们采访，让我们能够顺利完成采访任务。他们对每一位非遗传承人都了如指掌，介绍起非遗项目来也是头头是道，通过他们的介绍，我们更全面地了解了黔东南非遗传承工作的情况。在这群新时代的非遗工作者身上，我们看到了肩负使命、踏实肯干的精神风貌，他们的辛勤工作加深了非遗的现实意义，体现了非遗的价值。我们在此向他们表示感谢。

非物质文化遗产的保护与传承，重在融入现代生活、展现当代价值、涵养文明新风、凝聚民族精神。习近平总书记指出："要让活态的乡土文化传下去，深入挖掘民间艺术、戏曲曲艺、手工技艺、民族服饰、民俗活动等非物质文化遗产。要把保护传承和开发利用有机结合起来，把我国农耕文明优秀遗产和现代文

后 记

明要素结合起来，赋予新的时代内涵，让中华优秀传统文化生生不息，让我国历史悠久的农耕文明在新时代展现其魅力和风采。"在2021年举办的第二届中国丹寨非遗周上，我们见到了许多熟悉的传承人和非遗工作者。通过非遗传承人的展演，我们真切感受到了"活态非遗"的魅力。

这里需要说明的是，根据当时州融媒体中心领导的策划安排，本书文稿由潘皇林、康莉、王佳丽三人负责编写，后因潘皇林另有其他任务，具体实施工作主要由康莉和王佳丽完成。此外，为落实本书的编辑出版工作，吴会武两年来持续与州非遗中心对接相关事宜，同时反复对文稿进行了逐篇修改把关，付出了大量心力。本书部分图片由州、县非遗中心及传承人提供，在此表示感谢！

由于时间仓促，学力不逮，遗珠之憾，敬请方家指教。

康莉　王佳丽